（唐）釋道宣　撰

宋思溪藏本廣弘明集

第三册

國家圖書館出版社

第三册目録

廣弘明集

才八

四百七十六

典八

元祿九年丙子二月日重脩

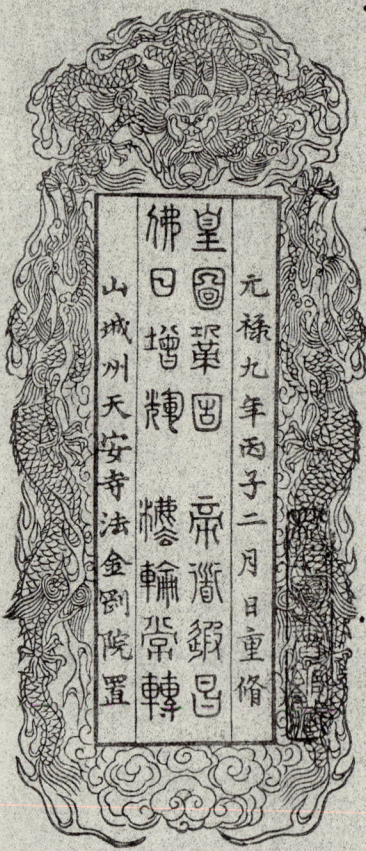

皇圖鞏固　帝道遐昌

佛日增輝　法輪常轉

山城州天安寺法金剛院置

廣弘明集卷第八　典

唐終南山釋氏

辨惑篇第二之四

擊像焚經坑僧詔

魏太武

滅佛法集道俗議事

周武

二教論

釋道安

擊像焚經坑僧詔

元魏世祖太武帝

帝諱燾以明元帝泰常八年即位時年八歲

尚在幼沖賓政所由唯恃台輔時司徒崔浩尤不信佛帝訪國事每以爲懷言佛法虛誕爲俗費害黄老仙道可以存心浩既雅信仙道授帝老經隨言信用曾無思擇即立道壇四追方士當時佛法隆盛浩内嫉之常求瑕璺會蓋吳反於杏城關中騷動帝乃西伐時浩從焉既至長安有沙門種麥於寺中御騶牧馬帝入觀馬從官入其僧室見有弓矢出以奏聞帝怒曰此非沙門所用當與蓋吳通謀規害人耳命有司案誅一寺閱其財産及州郡牧守富人所寄藏物蓋以万計詔乃焚破佛像勑留臺下四方一依長安行事太平

眞君五年帝年二十有九春秋方富盛於武
功　崔浩邪謀相接交扇方士仙觀日有登
臨釋門淸衆將事殲殄又下詔曰愚民無識
信僞惑妖私養師巫挾藏讖記沙門之徒假
西域虛誕坐致妖孽非所以一齊政化布淳
德於天下也自王公巳下至於庶人有私養

沙門者限今年二月十五日過期不出沙門
身死容止者誅一門時恭宗爲太子監國素
敬佛法頻上表陳刑殺沙門之濫又非圖像
之罪今罷其道杜諸寺門世不修奉土不丹
靑自然毀滅如是再三不許時有沙門玄高
者定門之秀傑也太子晃師之晃敬事如佛

崔浩得倖於帝恐晃攝政或見危遂密譏於帝晃有異啚若不先慮後悔無及又晃結納玄高高又通靈鬼物善得人心可不猜耶帝初不從且幽之又夢其先祖云太子無事又問百官咸云太子仁孝枉見幽辱帝乃出晃以政歸之浩又重譖帝信之便幽死晃於禁中縊高於郊南浩得志於朝廷也列辟莫敢致言便以太平真君七年三月下詔一切蕩除所有圖像胡經皆擊破焚毀沙門無少長悉坑之斯並崔浩之意致也及後帝遭癘惱浩被族誅呼嗟長慨無所及矣事迹如前釋老志廣之

滅佛法集道俗議事七

周高祖猜忌爲心安忍嫌郄太冢宰晉國公
護權衡百揆決通庶政帝竊嫉之恐有陵奪
召護入內親自誅之并大臣六家並從族滅
帝以得志於天下一無所慮也然信任讖緯偏
以爲心自古相傳黑者得也謂有黑相當得
天下猶如漢末訛言黃衣當王以黃代赤承
運之像言黑亦然所以周太祖挾魏西奔衣
物旗幟並變爲黑用期訛讖之言斯亦漢光
武之餘命也昔者高洋之開齊運流俗亦有
此謠洋言黑者稠禪師黑衣天子也將欲誅
之會稠遠識悟而得免備如別說故周祖初
重佛法下禮沙門並著黃衣爲禁黑故有道

士張賓譎詐因上私達其黨以黑釋爲國忌以黃老爲國祥帝納其言信道輕佛親受符籙躬服衣冠有前僧衛元嵩與賓脣齒相扇惑動帝情云僧多怠惰貪逐財食不足欽尚帝召百僧入內七宵行道時既密知各加懇到帝亦同僧寢處覘候得失爲僧讀誦或讚唄禮悔僧皆懍厲莫不訝帝之微行也既期已滿無何而止至天和四年歲在己丑三月十五日勑召有德衆僧名儒道士文武百官二千餘人帝御正殿量述三教以儒教爲先佛教爲後道教最上以出於無名之前超於天地之表故也時議者紛紜情見乖各不定

而散至其月二十日依前集論是非更廣莫
簡帝心帝曰儒教道教此國常遵佛教後來
朕意不立僉議如何時議者陳理無由除削
帝曰三教被俗義不可俱至四月初更依前
集必須極言陳理無得面從又勑司隸大夫
甄鸞詳度佛道二教定其深淺辨其真僞
天和五年鸞乃上笑道論三卷用笑三洞之
名五月十日帝大集羣臣詳鸞上論以爲傷
蠹道法帝躬受之不愜本圖即於殿庭焚蕩
時道安法師又上二教論云內教外教也練
心之術名三乘內教也救形之術名九流外
教也道無別教教即在儒流斯乃易之謙謙也

帝覽論以問朝宰無有抗者於是遂寢乃經五載至建德三年歲在甲午五月十七日初斷佛道兩教沙門道士並令還俗三寶福財散給臣下寺觀塔廟賜給王公餘如別述于時衛王不忍其事直入宮燒乹化門攻帝不下退至虎牢捉獲入京父子十二人并同謀者並誅

二教論

沙門釋道安

歸宗顯本第一

有東都逸俊童子問於西京通方先生曰僕聞風流傾墜六經所以緝修誇尚滋彰二篇

所以述作故優柔弘潤於物必濟曰儒用之不匱於物必通曰道斯皆孔老之神功可得而詳矣近覽釋教文博義豐觀其汲引則恂恂善誘要其旨趣則亹亹茲良然三教雖殊勸善義一塗迹誠異理會則同至於老嗟身患孔歎逝川固欲後外以致存生感往以知物化何并釋典之猒身無常之說哉但拘滯之流未馳高觀不能齊天地於一指均是非乎一氣致令談論之際每有不同此所謂匿摩尼於胎㲉掩大明於重夜傷莫二之淳風塞洞一之玄旨祈之弥劫奚可值哉敬請先生爲之開闡

通方先生曰子之問也激矣哉可謂窮辨未盡理也僕雖不敏暬疑上國服膺靈章隨風下席今當爲子略陳其要夫万化本於無生而生生者無生三才兆於無始而始始者無始然則無生無始物之性也有化有生人之聚也聚雖一體而形神兩異散雖質別而心數弗亡故救形之教教稱爲外濟神之典典号爲内是以智度有内外兩經仁王辯内外二論方等明内外兩律百論言内外二道若通論内外則該彼華夷若局命此方則可云儒釋釋教爲内儒教爲外備彰聖典非爲誕謬詳覽載籍尋討源流教唯有二寧得有三

何則昔玄古朴素墳典之誥未弘淳風稍離
立索之文乃著故包論七典統括九流咸爲
治國之謨並是修身之術故藝文志曰
儒家之流蓋出於司徒之官助人君順陰陽明
教化者也遊文於六經之中留意於五德之
際祖述堯舜憲章文武宗師仲尼其道最高者也
道家者流蓋出於史官清虛以自守卑弱以
自持此君人者南面之術合於堯之克讓易
之謙謙是其所長也
陰陽家者流蓋出於羲和之官敬順昊天曆
象日月星辰敬授民時此其所長也
法家者流蓋出於理官信賞必罰以輔禮制

易曰先王以明罰勑法此其所長也

名家者流蓋出於禮官古者名位不同禮亦異數孔子曰必也正名乎名不正則言不順言不順則事不成此其所長也

墨家者流蓋出於清廟之官茅屋採椽是以貴儉養三老五叟是以兼愛選士大射是以上賢宗祀嚴父是以有鬼此其所長也

縱橫家者流蓋出於行人之官孔子曰誦詩三百使乎四方不能專對雖多亦奚以爲又曰使乎使乎言其當權事制宜受命而不受詞此其所長也

雜家者流蓋出於議官兼儒墨合名法知國

體之有此見王治無不貫此其所長也
農家者流蓋出於農稷之官播五穀勸耕桑以足衣食故八政一曰食二曰貨此其所長也若泒而别之則應有九教若揔而合之則同屬儒宗論其官也各王朝之一職談其籍也並皇家之一書子欲於一代之内令九流爭川大道之世使小成競辨豈不上傷皇極莫二之風下開拘放鄙蕩之弊眞所謂巨蠹鴻猷眩曜朝野矣
佛教者窮理盡性之格言出世入眞之軌轍論其文則部分十二語其旨則四種悉檀理妙域中固非名号所及化擅繫表又非情智

所尋至於遺累落筌陶神盡照近超生死遠證泥洹播闡五乘接群機之深淺該明六道辨善惡之昇沉覺期出世而理無不周迹比王化而事無不盡能博能要不質不文自非天下之至虛孰能與斯教哉雖復儒道千家墨農百氏取捨驅馳未及其度者也　唯釋氏之教理富權實有餘不了稱之曰權無餘了義號之爲實通云善誘何成妙賞子謂三教雖殊勸善義一余謂善有精麁優劣宜異精者超百化而高昇麁者循九居而未息安可同年而語其勝負哉又云教迹誠異理會則同爰引世訓以符玄教此蓋悠悠之所昧

未暨其本矣教者何也詮理之謂理者何也教之所詮教若果異理豈得同理若必同教寧得異筌不期魚蹄不爲兎將爲名乎理同安在夫厚生情篤身患之誡遂興不悟遷流逝川之歎乃作並是方内之至談諒非踰方之巨唱何者推色盡於極微老氏之所未辯究心窮於生滅宣尼又所未言可謂瞻之似盡察之未極者也故涅槃經曰分別色心有無量相非諸聲聞緣覺所知且聲聞之與菩薩俱越妄想之鄉菩薩則慧兼九道聲聞則獨善一身其猶露潤之方巨壑微塵之比須弥況凡夫識想何得齊乎故淨名曰無以日

光等彼螢火若夫以齊而齊不齊者未齊矣以齊而齊於齊者未齊焉余聞善齊天下者以不齊而齊天下者也何須夷岳實淵然後方平續鳧截鶴於焉始等此蓋猶夫之野議豈達士之貞觀故諺曰紫實昧朱狂斯濫哲請廣其類更曉子懷上至天子下至庶民莫不資色心以成軀稟陰陽以化體不可以色心是等而便混以智愚安得以陰陽義齊則使同貴賤此之不可至理皎然雖強齊之其義安在

儒道昇降第二

儒通六典道止兩篇昇降二事備彰四史

問曰先生涇渭孔釋清濁大懸與奪儒道取捨尤濫史遷六氏道家爲先班固九流儒宗爲上討其祖述並可命家論其憲章未乖典式欲言俱非情謂未可譏其都是何宜去取荅曰塗軌乖順不可無歸朱紫之際亦宜有在漢書十志並是古則藝文五行豈今始有農爲治本史遷不言安毀縱横官典俱漏故孟堅之撰今古褒其是子長之論曩見貶其非是以前漢書曰史遷序墳籍則先黄老後六經論遊俠則退處士進姦雄述貨殖則崇勢利羞貧賤此其爲弊也

後漢書曰太史令司馬遷採左氏國語刪世

本戰國策據楚漢春秋列時事上自黃帝下
訖獲麟作本紀三十家列傳書表凡百三十
篇而十篇缺焉至於採經摭傳分散百家之
事甚多疎略不如其本務欲以多聞廣載爲
功論義淺而不篤其論術學也則崇黃老而
薄五經輕仁義而賤守節此其大弊傷道所
過極形之咎也又晉書禮樂志曰世稱子長
史記奇而不周奇謂博古遠達不周謂弊於儒
道儒道既弊聖教不興何王摹之尚道廢儒
惑亂天下變風毀俗遂使魏晉爲之陵遲四
夷交侵中國微矣此皆國史實錄之文奚獨
可異校其得失詳列典志取捨昇降何預鄙懷

問老子之教蓋修身治國絕弃貴尚論大道
則為三才之元辨上德則為五事之本猶陶
埏之成造譬槖籥之不窮先生何為抑在儒下
答曰余聞恬志大和者不務變常安時處順
者不求反古故詩曰不愆不亡率由舊章唯
藝文之盛易最優矣吾子謂老與易何若昔
宓羲氏仰觀象於天俯察法於地近取諸身
遠取諸物於是始作八卦以通神明之德以
類万物之情文王重六爻孔子弘十翼故曰
易道深矣人更三聖世歷三古故繫詞曰易
有太極是生兩儀易說曰夫有形生於無形
故曰有太易有太初有太始有太素

太易者未見氣也　太初者氣之始
太始者形之始　太素者質之始
本氣形質而未相離故曰渾混視之不見聽
之不聞修之不得故曰易也孝經説曰
奇者陽節偶者陰基得陽而成合陰而居數
相配偶乃爲道也故曰一陰一陽之謂道陰
陽不測謂之神此而避瞻足賢於老也
子謂仁由失德而興禮生忠信之薄安其所
習毀所不見且大樂與天地同知大禮與天
地同節豈在飾敬之年責報之歲哉然老氏
之旨本救澆浪靈柔善下修身可矣不尚賢
能於治何續既扶易之一謙更是儒之一派

幸勿同放兼棄五德

君爲教主第三

世謂孔老爲弘教之人訪之典謨則君爲教主

問敵尋哲製剖析離合云派而別之應有九教統而合之同一儒宗採求理例猶謂未當何者名雜鄧尹法条悝商墨出由胡農興野老斯皆製通賢達不可以爲教首孔老聖輿可以命教故九流之中唯論其二儒教道教豈不婉哉

答曰子之問也似未通遠夫帝王功成作樂治定制禮此蓋皇業之盛事也而左史記言右史記事事爲春秋言爲尚書百王同其風

方代齊其軌若有位無才猶虧弘闡有才無位灼然全闕昔周公攝政七載乃制六官孔老何人得爲教主孔雖聖達無位者也自衛迴輪始弘文軌正可修述非爲教源柱史在朝本非諧贊出周入秦爲尹言道無聞諸侯何況天子既是仙賢固宜雙缺道屬儒宗已彰前簡

問孔子問禮於老聃則師資之義存矣又論語孔子自稱曰吾述而不作信而好古竊比我於老彭子云孔聖而云老賢比類之義義將焉在褒貶乖中諒爲侮聖

荅曰余既庸昧奚敢穿鑿廢智任誠唯依謨

典嵇子云老子就涓子學九仙之術尋乎練餌斯或有之至於聖也則不云學論語曰生而知之者上也學而知之者次也依前漢書品孔子爲上上類皆是聖以老氏爲中上流並是賢又何晏王弼咸云老未及聖此皆典達所位儻能異乎孔子曰吾無常師問禮於老聃斯其義也有問農云吾不如老農又問圃云吾不如老圃入太廟每事問豈農圃守廟之人而賢於孔丘乎竊比遜詞斯其類也故知他評近實自謙則虛侮聖之談恐還自累孔子問樂於長弘學琴於師襄子豈弘子之流皆賢於孔丘乎聖人之迹於斯可見也

問魯隱公者蓋是讓國之賢君而人表評爲

下下老子者乃無爲之大聖漢書品爲中上
故知班彪父子詮度險巇先生何乃引之爲
證荅曰吾子近取杜預之談遠忽春秋之意
隱公者桓公之庶兄也桓公幼小攝行政事
及桓長大歸政桓公雖能歸政不能去猜譖
毒於是縱横遂爲桓公所弑旣不自全陷弟
不義讓國之美竟復何在此而非下孰有下
乎漢書之評於是乎得且孔子受命遂号素
王未聞載籍稱老爲聖言不關典君子所懃
問尚書云惟狂克念作聖惟聖罔念則狂子
云聖也則不關學是何言歟
荅曰孔語生知學言積習向者論儒末云釋

也上智下愚本不隨化中庸之類乃順化遷聖可爲狂則非上智狂可爲聖復非下愚書辨狂聖皆中庸也老子曰絕聖棄智民利百倍此蓋中才之聖非上智也

詰驗形神第四

形神之教初篇已言今則詰之驗其典證也

問曰先生云救形之教教稱爲外敬尋雅論寔爲未允易云知幾其神乎寧得雷同七典皆爲形教釋辨濟神義將安在答曰書稱知遠遠極唐虞春秋屬詞詞盡王業至若禮樂之敬良詩易之溫潔皆明夫一身豈論三世固知教在於形方者未備洪祐示逸乎生表者

存而未議易曰幾者動之微也能照其微非神如何此言神矣而未辨練神練神者閇情開照期神曠劫幽靈不亡積習成聖階十地而逾明邁九宅而高蹈此釋教所弘也經曰濟神拔苦莫若修善六度攝生淨心非事故也

仙異涅槃第五

仙明延期之術不無其終涅槃常住之果居然乖異

問釋稱涅槃道言仙化釋云無生道稱不死其揆一也何可異乎

荅曰靈飛羽化者並稱神丹之力無疾輕強者亦云餌服之功

哀哉不知善積前成生甄異氣壽夭由因脩

短在業佛法以有生爲空幻故忘身以濟物
道法以吾我爲眞實故服餌以養生生生不
貴存存存何勲縱使延期不能無死故莊周稱
老子曰古者謂之遁天之形始以爲其人今
則非人也尚非遁天之仙故有秦佚之弔死
扶風葬槐里涅槃者常恒清涼無復生死心
不可以智知形不可以像測莫知所以名強
謂之寂其爲至也亦以極哉縱其雙林息照
而靈智常存體示闇維而舍利恒在雖復大
椿遐壽以彭年爲殤非想多劫與無擇對户
凡聖理懸動寂天異焉可同時而辨昇降吾
子何爲抗餘燎於日月之下而欲與爝和爭

暉至於猶也何至甚乎

道仙優劣第六

道以恬虛寡欲優在符於謙德
仙則餌服紛紜劣在徒勤無効

問先生高談壽夭善積前生業果雖詳芝丹仍略且道家之極極在長生呼吸太一吐故納新子欲劣之其可得乎

答曰老氏之旨蓋虛無爲本柔弱爲用渾思天元恬高人世浩氣養和得失無變窮不謀通達不謀己此學者之所以詢仰餘流其道若存者也若乃練服金丹餐霞餌玉靈升羽蛻屍解形化斯皆尤乖老莊立言本理其致流漸非道之儔雖記奇者有之而言道者莫取

昔漢武好方伎遂有欒大之妖光武信讖書致有桓譚之議書爲方伎不入墳流人爲方士何關雅正吾子曷爲捨大而從小背理而趣誕乎

孔老非佛第七

佛生西域孔氏高推商宰致問列子書記

問西域名佛此方云覺西言菩提此云爲道西云泥洹此言無爲西稱般若此飜智慧准此斯義則孔老是佛無爲大道先已有之

答曰鄙俗不可以語大道者滯於形也曲士不可以辨宗極者拘於名也案孟子以聖人爲先覺聖中之極寧過佛哉故譯經者以覺翻佛覺有三種自覺覺他及以滿覺孟軻一

辨豈具此三菩提者案大智度譯云無上慧然慧照靈通義翻爲道道名雖同道義尤異何者若論儒宗道名通於大小論語曰小道必有可觀致遠恐溺若談釋典道名通於邪正經曰九十有六皆名道也聽其名則眞僞莫分驗其法則邪正自辨菩提大道以智度爲體老氏之道以虛空爲狀體用既懸固難影響外典無爲以息事爲義內經無爲無三相之爲名同實異本不相似故知借此方之稱翻彼域之宗寄名談實何疑之有準如茲例則孔老非佛何以明其然昔商太宰問於孔丘曰夫子聖人歟對曰丘博聞強記非聖人

也又問三王聖人歟對曰三王善用智勇聖非丘所知又問五帝聖人歟對曰五帝善用仁信聖非丘所知又問三皇聖人歟對曰三皇善因用時聖非丘所知太宰大駭曰然則孰者爲聖人乎孔子動容有間曰丘聞西方之人有聖者焉不治而不亂不言而自信不化而自行蕩蕩乎民無能名焉若老氏必聖孔何不言以此校之理當推佛（老子西昇經云天下大術佛術第一又西昇玄經云吾師化由天竺善入泥洹又符子曰老氏之師名釋迦文今就道書咸皆師佛）

釋異道流第八

（出世三乘域中四大懸如天地異邇塵嶽）

問後漢書云佛道神化興自身毒（案山海經西方有天

毒國郭景純注云即天竺國也而漢書西域傳云天竺國又名身毒國也詳其清心釋累之訓空有兼遣之宗道書之流也以此推之則道教收佛又佛經云一切文字悉是佛說非外道書而先生高位釋教在儒道之表將不自局而近誣聖乎

答曰吾子爰引漢書而問余亦還以漢書而答後漢西域傳曰張騫之著天竺惟云地多濕暑班勇之列身毒正言奉佛不殺而精文善法導達之功靡所傳記余聞之後說也其國則般平中土玉燭和氣靈智之所降集賢哲之所挺生神迹詭怪則理絕人區感驗明顯則事出天外而騫超無聞者豈其道閇往

運數開叔葉乎不然何經典之甚也漢自楚英始盛齋戒之祀桓帝又修華蓋之飾將微義未譯但神明之耶且好仁惡殺蠲弊崇善所以賢達君子多受其法焉然好大不經奇譎無已雖鄒衍談天之辨莊周蝸角之論未足以槩其万一尋漢書之録兼而有徵取其微義未譯則云道書之流談其神奇感驗則言理絶天表唯四藏賾博二諦並陳惣論九道則無非佛說別明三乘則儒道非流此乃在我之明證非吾子之清決乎

服法非老第九

絶聖棄智老氏之心
黄巾禁厭張家之法

問經云釋迦成佛已有塵劫之數或爲儒林之宗或爲國師道士固知佛道冥如符契又清淨法行經云佛遣三弟子震旦教化儒童菩薩彼稱孔丘光淨菩薩彼稱顔淵摩訶迦葉彼稱老子先生辨異似若自私

答曰聖道虚寂圓應無方無方之應逗彼羣品器量有淺深感通有厚薄故令無像之像像遍十方無言之言言充八極應實塵砂大略有二

八相感成雙林現滅斯其大也權入六道晦迹塵光斯其小也小則或畫卦以御時或播殖以刑世或修正以定亂或行禮以肅物或

談無而傲榮或説有而重爵何爲老生獨非一迹故須弥四域經曰寶應聲菩薩名曰伏犧寶吉祥菩薩名曰女媧但今之道士始自張陵乃是鬼道不關老子何以知之李膺蜀記曰張陵避病瘧於丘社之中得呪鬼之術書爲是遂解使鬼法後爲大蛇所噏弟子妄述昇天後漢書稱沛人張魯母有姿色兼挾鬼道往來焉家益州刺史劉焉遂任魯以爲督義司馬魯遂與別部司馬張脩將兵掩殺漢中太守蘇固斷絶斜谷殺漢使者魯既得漢中遂殺張脩而并其衆焉於漢爲逆賊戴黃巾服黃布褐

魯字公旗初祖父陵順帝時客於蜀學道鵠
鳴山中造作符書以惑百姓受其道者輒出
米五斗故世謂之米賊陵傳其子衡衡傳於
魯魯遂自号天師君其來學者初名鬼卒後号祭
酒祭酒各領部衆多者名曰治頭皆教以誠
信不聽欺妄有病但令首過而已諸祭酒各
起義舍於同路同路懸亭置米肉以給行旅
食者量腹取足過多則鬼能病人犯法者先
加三令然後行刑不置長吏以祭酒爲治民
夷信向朝廷不能討遂就拜魯鎮夷中郎將
通其貢獻自魯在漢垂三十年獻帝建安二
十年曹操征之至陽平魯欲舉漢中降其弟

衛不聽率衆數万拒關固守操破衛斬之魯
聞陽平已陷將稽顙歸降閻圃說曰今以急
往其功爲輕不如且依巴中然後委質功必
多也於是乃奔南山左右欲悉焚寶貨倉庫
魯曰本欲歸命國家其意未達今日之走以
避鋒銳非有惡意遂封藏而去操入南鄭甚
嘉之又以魯本有善意遣人慰安之魯即與
家屬出迎拜鎮南將軍封閬中侯而張角張
魯等本因鬼言漢末黃衣當王於是始服之
曹操受命以黃代赤黃巾之賊至是始平自
此已來遂有茲弊至宋武帝悉皆斷之至殺
謙之時稍稍還有今既大道之世風化宜同

小巫巾色寔宜改復且老子大賢絶棄貴尚
又是朝臣服色寧異古有專經之學而無服
象之殊黄巾布衣出自張魯國典明文豈虚
也哉夫聖賢作訓弘裕温柔鬼神嚴厲動爲
寒暑老子誡味祭酒皆飲張製鬼服黄布則
齊眞僞皎然急緩可見自下略引張氏數條

妄說用黴華未聞或禁經止價玄光論云道家諸經制雜
凡意教迹邪險是故不傳但得金帛便與其
經貧者造之至死不覩貪利無慈逆莫過此
又其方術穢濁不清乃有扣齒爲天鼓咽唾
爲醴泉馬屎爲靈薪老鼠爲芝藥資此求道
焉能
得乎

或妄稱眞道蜀記曰張陵入鵠鳴山自稱天師漢嘉平末爲蟒蛇所噏子衡
奔出尋屍無所畏負清議之譏乃假設權方以
表靈化之迹生縻鶴足置石崖頂到光和元

年遣使告曰正月七日天師昇玄都米民之山獠遂因妄傳販死利生逆莫過此之甚也

或含氣釋罪 妄造黃書呪癘無端乃開命門抱真人嬰兒迴龍虎戲備如黃書所說三五七九天羅地網士女溷漫不異禽獸用消災禍其可然乎

或挾道作亂 黃巾鬼道毒流漢室孫恩求仙禍延皇晉破國害民或亂天下

或章書代德 遷達七祖乞免擔沙橫費紙筆奏章太上戊辰之日上必不達不達太上則生民枉死嗚呼哀哉

或畏鬼帶符 左佩太極章右佩昆吾鐵指日則停暉擬鬼千里血若受黃書赤章即是靈仙

或制民輸課 蜀記曰受其道者輸米肉布絹器物紙筆薦席五綵後生邪濁增立米民

或解除墓門 左道餘氣墓門解除春秋二分祭竈祠社冬夏兩至祀祠同俗先受治錄兵符社契皆言軍將吏兵都無教誡之義

或苦妄度厄塗炭齋者事起張魯驢輾泥中黃土塗面摘頭懸榻埏埴使熟
至義熙初王公期省去打拓昊陸修靜猶泥額反縛懸頭而已資此度厄何癡之甚
或夢中作罪夢見先亡輒云變怪召食鬼神軍將吏兵奏章斷之
或輕作凶佞造黃神越章用持殺鬼又造赤章用持殺人取悅世情不計殃
罪陰謀懷嫉凶邪之甚
斯皆三張之鬼法豈老子之懷乎自於上代
爰至符姚皆呼衆僧以爲道士至寇謙之始
竊道士之号私易祭酒之名事簡姚書略可
詳究然法行經者無有人飜雖入疑科未傷
弘旨摩訶迦葉釋迦弟子稟道闡猷詎希方
駕三張符籙詭託老言捃採譎詞以相扶助
復引實談證其虛說嗚呼可歎幸深察焉問

敬尋道家厥品有三一者老子無爲二者神仙
餌服三者符籙禁猒[illegible]其章式大有精麁麁
者厭人殺鬼精者練屍延壽更有青籙受須
金帛王侯受之則延年益祚庶人受之則輕
健少疾君何不論唯貶鄙者
答曰子之所言何其陋矣唯王者興作非詐
力所致必有靈命以應天人至於符瑞不無
階降上則河圖洛書次則龜龍麟鳳此是帝
皇之符籙也今大周馭宇膺曆受圖出震爲
神電軒流景上宣衢室下闢靈臺列彼三光
摇兹二柄而德侔終古動植効靈仁並二儀
幽明薦祉故眞容表相不假尋於具茨澄照

淵猷無惑求於象罔定籠語默彈壓名言超絶有無迴踰彼此芻狗万機不可謂之爲有孝慈兆庶不可謂之爲無四海一家不可謂之爲彼九州遼曠不可謂之爲此故遊之者莫測其淺深蹈之者未窮其厚薄加以三足九尾赤雀緑龜嘉瑞相尋不時而至玆乃大道弘仁光盈四表慶靈惣萃厚祚無疆豈聖德之清寧天朝之多士尚信鬼籙之談猶傳巫覡之説者哉昔神賜號田若始求田之義民供趙雀由初受爵之徵此皆委巷鄙言子從所不許也

然皇帝之尊極天人之義王者之名大盡霸功

之業當受命神宗廓風化於寰宇封禪山岳報成功於天地不見鬼言預經綸之始曾無詭說達致遠之宗徒訛惑生民敗傷王教眞俗擾動歸正無從唯孔子貴知命伯陽去奇尚奚取鬼符望致其壽若言受之必益令佩符道士悉可長年無籙生民並應短壽事既不徵何道之有

明典眞僞第十

兩經實談爲眞 三洞誕謬爲僞

問老經五千最爲淺略上清三洞乃是幽深且靈寶禁經天文玉字超九流越百氏儒統道家豈及此乎

答曰老子道經朴素可崇莊生内篇宗師可領曁茲已外製自凡情黄庭元陽採撮法華以道換佛改用尤拙靈寶創自張陵吴赤烏之年始出上清肇自葛玄宋齊之閒乃行尋聖人設教本爲招覲天文大字何所詮談始自古文大小兩篆以例求之都不相似陽平鬼書於是乎驗晉元康中鮑靖造三皇經被誅事在晉史後人諱之改爲三洞其名雖變厥體尚存猶明三皇以爲宗極斯皆語出凡心寔知非教不關聖口豈是典經而張葛之徒皆雜符禁化俗怪誕達爽無爲哀哉吁何乃指虫迹欲比倉文以毒乳而方甘露乎依張魯蜀

記凡有二十四治而陽平一治最爲大者今道士上章及奏符厭皆稱陽平重其本故也以上清爲洞玄靈寶爲洞眞三皇爲洞神故曰三皇

問道經幽簡本接利人佛經顯博源拔鈍士窮理徵事皎然可見

答曰釋典汪汪幽顯並蘊玄章浩浩廣略俱通大智度曰爲利人略說爲解義故爲利人廣說爲誦持故爲鈍人略說爲誦持故爲鈍人廣說爲解義故如般若一座敷玄鷲嶽及其皆益乃數十周智典旣然餘經皆尒通言博在其鈍何誣之甚香城金簡龍宮玉牒天上人間釋典何量八音部袠其數無邊十二該之罄無不盡可謂詩篇三百蔽者一言以

此例之廣略可見詳其道經三十六部廣則定廣無略可收即是純鈍何利之有廣而可略則非定廣略而可廣則非定略釋典之深於是乎在

教指通局第十一

興康世治而不出生死爲局近此王化而遠期出世爲通

問姬孔立教可以安上治民移風易俗老莊談玄可以歸淳反素息尚無爲爲化足矣何假胡經又簪抽髮削毀容易姓可以化彼强夷不可施之中夏其猶車可陸運不可汎流船可水行不宜陸載佛經怪誕大而無徵怖以地獄則使怯者寒心誘以天堂則令愚者

虚企暨説塵劫尚云不遥傍談沙界猶言未遠或説貧由慳至富藉施來貴因恭恪賤與侮慢慈仁不殺則壽命延長多殘掠漁獵則年筭減夭尋討云云難相符允竊見好施不害貧而早終慳貪多殺富而長壽禪戒苦節嬰羅疾患坑殘至廣封賞始隆信謂苦惱由識而生爵禄因殺而得其猶種角生葦毋子乖張牛毛生蒲因果不類雖言業報無以愜心徒説將來何殊繫影未若陶甄稟於自然森羅均於獨化忽焉自有怳尒而無吉凶任運離合非我人死神滅其猶若燈膏明俱盡知何所至胡勞步驟於空談之際馳騁於無驗

之中
答曰異哉子之所陳何其鄙也果以拘纏管
井封守一方故耳孟子曰人之所知未若人
之所不知信矣吾當告子古之明大道者五
變而形名可舉九變而賞罰可言所以方内
階漸猶未可頓者也至於鈞七順時禁四民
之暴三驅之禮顯王迹之仁可謂美矣未盡
善也尋先生制作扃云寰宇天分十二野極
流沙地列九州西窮黑水談遺過去辨略未
來事盡一生未論三世豈聖達之不知信嘉
緣之未構釋迦發窮源之眞唱演大哀之洪
慈上極聖人下及蜫蟻等行不殺仁人之至

也若乃道包眞俗義冠精靈秘仁壽於菩提徒敎義於權實使宗虛者悟空空之旨存有者進戒定之權於是慧光遐照莊王因覩夜明靈液方津明帝以之神夢春秋左傳曰魯莊公七年歲次甲午四月辛卯夜恒星不見星隕如雨即周之莊王十年也莊王別傳曰遂即易筮之云西域銅色人出也所以夜明非中夏之災也案佛經如來四月八日入胎二月八日生亦二月八日成道生及成佛皆放光明而云出世即成佛年也周以十一月為正春秋四月即夏之二月也依天竺用正與夏同杜預用晉曆筭辛卯二月五日也安共董奉忠用魯曆筭即二月七日用前周曆筭即二月八日也又依什法師年紀及石柱銘並與春秋符同如來周桓王五年歲次乙丑生桓王二十三年歲次癸未出家莊王十年歲在甲午成佛襄王十五年歲在甲申而滅度至今一千二百五年也良謂遂通資感悟涉藉緣運值百齡齊均万

劫於是秦景西使而摩滕東逝道暢皇漢之
朝訓敷永平之祀物無爝螢人斯草偃始知
放華猶昏而文宣未旭者也吾子初云其同
而未識其異故知始之所同者非同末之所
異者非異何則修淳道者務在反俗俗既可
反道則可淳反俗之謨莫先剃落而削鬚毀
容事存高素辭親華愛趣聖之方袪嗜慾於
始心忘形骸於終果何眷戀乎三界豈留連
於六道太伯文身斷髮匪是西夷范蠡易姓
改名寧非東夏近讓千乘論語稱其至德遠
辭九宅寧羅氏族之拘故阿含經曰四姓出
家同一釋種莊子舟車之喻譬以古今猶禮

有損益樂有相訟吾子何爲濫云國土唯聖化無方不以人天乖應妙化無外豈以華戎阻情是以一音演唱万品齊悟豈以夷夏而爲隔哉維摩經曰佛以一音演說法衆生隨類各得解夫纖介之惡歷劫不亡毫釐之善永爲身用但禍福相乘不無倚伏得失相襲輕重冥傳福成則天堂自至罪積則地獄斯臻此乃必然之數無所容疑若造善於幽得報於顯世謂陰德人咸信矣造惡於顯得報於幽斯理盡然寧不信也易曰積善必有餘慶積惡必有餘殃而商臣肆惡乃獲長壽顏子庶幾而致早終伯牛含沖和而納疾盜跖

抱凶悖而輕彊斯皆善惡無徵生兹綢惑若
無釋教則此塗永躓矣
經曰業有三報一者現報二者生報三者後
報現報者善惡始於此身苦樂即此身受生
報者次身便受後報者或二生或三生百千
万生然後乃受受之無主必由於心心無定
司必感於事緣有彊弱故報有遲速故經曰
譬如負債強者先牽此因果之賞罰三報之
弘趣自非通才達識罕得其门世或有積善
而得殃或有凶邪而致慶此皆現業未熟而
前報已應故曰禎祥遇禍妖孽享福疑似之
嫌於是乎在斯則顔子短壽運鍾在昔今之

積德利在方將盜跖長年酬於往善今之肆惡裹在未來注曰楚穆王字商臣楚成王之太子世有殺父之愆謚之爲穆名實之差越於此無此皆生後二報非現報也故經曰雜業故雜受如歌利王之則羼提現被霹靂未利夫人供養須菩提見爲王后若斯之流皆現報也子云多殘爲富貴之因持戒爲患疾之本經有成通可得而言矣或有惡緣發善業多殺而致爵或有善緣發惡業多禪戒而獲病病從惡業而招豈修善而得貴從善業而興非坑殘所感故論曰是緣不定非受不定受定者言因不可變也其猶種稻得稻必

不生麥麥雖不生不可陸種地爲緣也稻即
因無然因果浩博諒難詳究依經誡言略標
二種一者生業二者受業俱行十善同得人
身生業也貧富貴賤聰鈍短長受業也故施
獲大富慳致貧窮忍得端正瞋招醜陋相當
因果也唯業報理微通人尚昧思不能及邪
見是興或説人死神滅更無來也（斷見也）或云
聚散莫窮心神無間（常見也）或言吉凶苦樂皆
天所爲（他因外道）或計諸法自然不由因得（無因外道）
果以禍福之數交謝於六府苦樂之報迭代
而行遂使遇之者非其所對乃謂名教之書
無宗於上善惡報應無徵於下若能覧三報

以觀窮通之分則尼父不答仲由斷可知矣
是故文子稱黄帝之言曰形有靡而神不化
以不化乘其變無窮又嬴博之葬曰骨肉歸
乎地而神氣不無之釋典曰識神無形假乘
四虵故無常主神無常家斯皆神馳六道之
明證故盡一生之朗説未能信經肴詳軒昊
因茲而而觀佛經所以越六典絶九流者豈不
以踈神達要陶鑄靈府窮源盡化水鏡無垠
者矣依法除疑第十二

法有常揩人無定則若能依法則衆疑自除心

於是童子愀然而怒曰僕聞釋典沖深非名
教所議玄風悠邈豈器象所該故染濆風流

者脱欣楷於始心研窮理味者蕩心塵於終
慮抗志與夷皓齊蹤潔己與嚴鄭等跡忽榮
誉去嗜慾然釋訓稍陵競為奢侈上減父母
之資下損妻孥之分齋會盡肴膳之耳塔寺
極莊嚴之美罄私家之年儲費軍国之資實
然諸沙门秀異者寡受茲重惠未能報德或
墾植田圃與農夫等流或估貨求財與商民
爭利或交託貴勝以自矜豪或占筭吉凶徇
於名誉遂使澄源漸謬流浪轉渾僕所以致
怪良在於斯覬欲清心佛法鑽仰餘風覩此
悵然洗心无託先生　愴然而笑曰余聞鱗介
之物不達皐壤之事毛羽之族豈識流浪之

形類異區分固其宜耳惟十性淵博含生等有二諦該深物我斯貫辯有也則九道森然談空也則万像斯寂故般若曰色即薩婆若薩婆若即色然色是無知之頑質薩婆若指佛之靈照論有居然無別言無一而莫異極矣哉極矣哉老氏之虛無乃有外而張義釋師之法性乃即色而遊玄遊玄不礙於器象何緣假之可除即色而冥乎法性則境智而俱寂般若曰不壞假名而說諸法實相維摩曰但除其病而不除法信哉此道孰可遠乎故能拯溺倍於沉流拔出根於重劫遠開三乘之津廣闢天人之路夫大士建行以種度

為先標勝宗極以塔寺為首施而有報匪咸虛費惠而有德豈曰空為且精微稍薄華侈漸興失在物懷何闕聖慮故崇軒玉璽非堯舜之心翠居麗食豈釋迦之意今大周馭宇淳風遐被震道網於六合布德網於八荒川無扣浪之夫谷無含歎之士四民咸安其業百官各盡其分嘉穀秀於中田倉庫積而成朽方將擊壤以頌太平鼓腹而觀盛化吾子何拘妄慮窮竭古人歎曰才之為難信矣孔門三千並海內翹秀簡充四科數不盈十其中伯牛惡疾回也六極商也慳恡賜也貨殖求也聚斂由也凶頑而舉世推戴為人倫之

宗欽尚高軌為搢紳之表百代慕其遺風千
載仰其景行至於沙门昔相駿節蓋髮膚徽
嗣世人之所重而沙门遺之如脫屣名位財色
有情之所滯而沙门視之如秕糠斯乃忍人
所不能忍去人所不能去可謂超世之津梁
弘道之勝趣也録其脫俗之誠足消四事採
其高尚之迹可報四恩況僊於此者乎夫崑
山多玉尚有礫沙淨水豐金寧無土石沙门
之中禪禁寔多不無五三欽於戒律正可以
道廢人不應以人廢道子何覩此遂贊釋教
故經曰依法不依人依智不依識不可見紂
跖之蹤而忽堯孔之軌覽調達之迹而忘妙

德之風今當爲子撮言其致三乘俱出生死而出駕大有淺深九流咸明宇内沖頤寧無揔别儒經曰夫孝德之本教之所由生也既云德本道高仁義之迹教之由生墳典因之以弘然則同歸而殊塗一致而百慮孝慈爲揔子何惑焉儒之爲統子何疑焉於是童子慨然而悦曰夫栢梁之構興乃知茅茨之庂陋仰日月之弥高何丘陵之可窄覩真筌之遼廓覺世訓之爲近尋二經之實誘悟三張之詭妄佛生西域形儀罔覿教流東土得聽餘音然神蹤曠遠理乖稱謂因果寂遼信絶名言今以淺懷得聞高論銷疑散滯譬若春

氷、始知釋典茫茫該羅二諦儒宗硌硌摠括九流信倿常談無得而稱者矣僕誠不敏謹承嘉誨

廣弘明集卷第八

典

諱燾 上許謂反名丨也下音盜 瑕釁 上音遐下許近反丨丨罪過也 御騶 下側愁反丨丨掌御馬之卒也 牧馬 音目放丨 弓矢 下式旨反亦作矢箭也 閲其 上音悅教也 牧守 上音目使也司也 殲殄 上子廉反盡也下徒典反絕也 師巫 下音無 挾藏 上胡怗反懷也 識記 上初禁反 妖孽 下魚列反正作孽妖怪也 杜諸 上徒戶反塞也 秀傑 下渠列反才智之稱 晃 胡廣反 密譏 下助衛反丨僣 猜 七才反丨疑 亶譖 下子念反讒丨 縊 乙義反自經也 族誅 上俗作族 嫌郤 下丘逆反正作隟寃隙也 百揆 下衢

癸反旗幟下音試旗幟文彥也稠直洞也譎詐上音決詭丨也覘候
上丑廉反視也懍厲上呂錦反敬畏皃也甄鸞上音真傷蠹下音妬
丨害也不愜下苦怙反丨心不伏也詰驗上起一反窮問也緝修
上七入反汲引上音急恂恂息旬反恭敬皃亹亹音尾美也何异
下青異丨別也胎謦下口角反正作謦採椽下直緣反眩曜上音縣
繫表上胡計反敻兄詠反遠也暨其器反及也筌七全反取魚之器也

蹏不蹄兎足也或作罤音題兎網也菟兎字巨壑下呼各反川丨也續
鳧下音扶鴨也所謂截鶴足而續鳧足冀欲齊平狷夫上俱犬反狂也又俱玄反
褊急也諺魚箭反俗言也涇渭經謂二音讜音黨曩見上乃黨反貶
悲撿反誊正作著攄傳上音隻下直戀反攄採拾也傳經丨也王摹
下莫胡反絕棄下俗弃陶挻上音桃下詩然反陶鎔埏埴以為瓦器橐
籥上音託下音藥橐鞴也籥笛也玄宗帝注道經云橐可以鼓風籥可以運吹皆虛而

無心也韛蒲拜反鍛家之爐是不慭下去軋反失也宓犧上音伏六爻下戶
交反卦象也繫詞上胡計反易有||周渾沌上胡本反下徒李反天地
未分之氣下作淪誤循之上音旬一派下疋賣反悊製上音哲悝
商上苦回反老聃下土甘反老子名褒貶上博毛反下悲檢反同前裒
音中嵇子上音考涓子上俱玄反問圖下布補二音班彪下彼
休險巇下許宜反正作巇猜譖上七才反下子念反弒音試殺也生
黝下居延反家也勣子曆反功||大椿上丑倫反|松殤音傷夭|抗
餘燎上苦浪反下力呂反杭餘燎謂举殘燭而燒也爔和上許宜反日也猬
俱玄反又俱犬反壽殀下於小反詢仰上息旬反諮也羽蛻下音稅脫
殼也欒大上郎端反孟軻下苦何反駭胡賣反誣聖上音巫謗也正
作誣張騫下去乾反濕暑上或作揭非賢哲下作悊非吉又作喆挻
生上他項反出也詭怪上過委反騫超上去乾反罰辥上俱玄反陰也

下畏祭惡也　奇譎下音決詐也　郢衍上側愁反下音演　蝸角上音
瓜小螺也　槩古愛反　逗音豆　播殖上補个反下常力反||種也　女蝸
下音瓜女皇也　所嗡下許及反　沛人上音貝　挾胡怙反　督義上音
篤　曹操下七到反　稽顙下蘇朗反以首至地曰||　歸降上歸字下
戶江反　陷圃二字音塩布　詑曰上音稅|誘也　巴中上必麻反蜀有
鋒銳下羊歲反||利也　閬中上音浪蜀州名　急緩下玄律反寬也
懲革上音澄止也華改也　扣齒上音口擊也又苦候反、　咽噎上音鷰吞
|也　醴泉上音礼耳味也　鵠鳴上胡谷反　蟒蛇上莫朗反大蛇也　麋
反　崟碑　山獠下竹巧反　圂漫上胡困反溷也下莫半反　驢輾下女展反
宜作騾竹箭反土浴也　懸棉下吾刪反繫馬柱也或作櫋誤　埏埴上詩
然反下時力反　闡猷上昌演反闡也下音由道也　捃採上居運反拾也　譎
訶上音淡反　䫇鄙上悲檢反黯也鄙陋也　|馭宇上音御　闢毗益反開

也二柄下彼病反侔莫浮反等也薦祉下音耻薦進也祉福也具
茨下在咨反彈壓二字音壇押芻狗上楚俱反老子云天地以萬物爲丨
丨如以草結而爲狗天地豈望其報惣萃下才遂反集也無疆下音薑巫
覡上音無丨師也下胡的反女師曰巫男師曰覡虢田上俱獲反寰宇上音
還下亦作寓封禪下時扇反受位也訛惑上愚和反採撮下七活反
創自上楚狀反初也肇音趙始也兩篆下直轉反丨書洸洸烏光反正
作汪丨丨深廣負鷲嶽二字音就岳靈鷲山也姬孔上居之反姬周孔聖
也虛企下丘智反望也富籍下才夜反恭恪下口各反掠獵上音
略下音臘瓔羅上一盈反正作嬰當也生葦下羽鬼反愜心上苦怗反
陶甄下居延反同前森羅上音參怳尒上兄往反忽然曰丨丨步
驟下助瘦反馳騁下丑領反埳井上音坎誤作宿非也蜫蟻上音昆細
蟲也炤照字靈液下音亦星隕下羽敏反墜也易筮二字音亦逝丨

丨設卦也百齡下音靈年丨也之祀下音似年丨也㸑螢上音雀又卄約
反炬火也未符義理弜明集作韗螢韗反見顧法也謂刑法威民也仿華上方罔反下惠
花反上正作放尭名放勛舜字重華未旭下許玉反旦日未明范蠡下音禮
纖芥上息廉反丨丨細小之謂也毫氂下力之反正作氂臻側中反
盜跖下音隻丨丨古之賊人也蹟音致礙也妖孽下魚列反正蔞謚之
上音示死之後号日丨之刖下吾骨反割丨一音月羼提上初眼初鷹二
反霹靂上普覓反下音曆糜密碑反嬴博上音盈秦姓也無垠
下音銀丨涯也愀然上七小反悠邈下眉角反丨丨遠也形梏下古篤反
械之別名奢侈下昌尒反妻孥下音奴肴饍上户交夊下時扇反丨丨
食世墾植上音懇耕丨也下音石矜豪上居陵反下户高反丨丨自掎富豪
也殉於下詞閏反正作徇從丨也覬居異反丨幸也鑽仰上子官反憮
然上音武尖意皃皐壤上音高下汝兩反丨丨山阜也斯家下字寂王

璽下斯綺反天子王印也　擊壤下汝兩反堯民||而鼓腹而舞謂樂其時也

凶愎下皮力反頑也　搢紳二字音進申同前　相駮下必角反　鬆膚下音夫

脫屣下所紫反鞋也　秕糠二字音比康穀不實曰||　冲賾下助隔反|幽玄也

慨然上苦愛反嘆也　茆茭上莫交反下在咨反||草舍也

仄陋上側音　硌硌音落　覿下徒的反見也　渙若上音奐散

也　信侅下音亥奇|非常也

廣弘明集　才九

四百七十六
典九

51369

元祿九年丙子二月日重修

皇圖鞏固　帝道遐昌

佛日增輝　法輪常轉

山城州天安寺法金剛院置

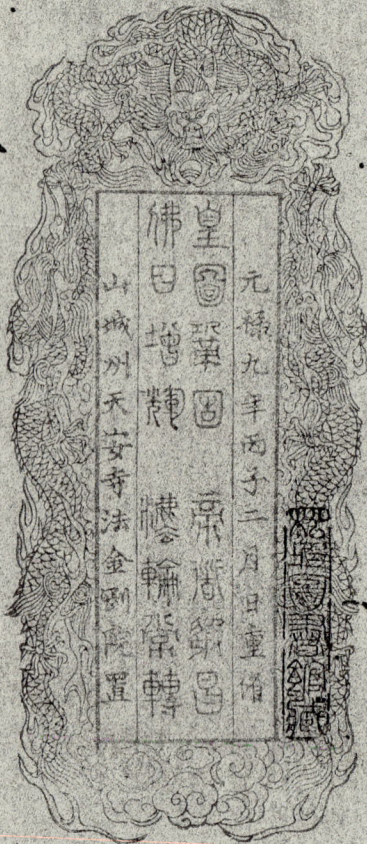

廣弘明集卷第九　　典

唐終南山釋氏道宣撰

辨惑篇第二之五

笑道論九　其文廣抄取可笑者上中下共三十六條

臣鸞啓奉　勑令詳佛道二教定其先後淺深同異臣不揆踈短謹具録以聞臣竊以佛之與道教迹不同出没隱顯變通亦異幽微妙密未易詳度且一往相對佛者以因緣爲宗道者以自然爲義自然者無爲而成因緣者積行乃證守本則事靜而理均違宗則意勃而教僞理均則始終若一教僞則無所不爲案老子五千文辭義俱偉諒可貴矣立身治

國君民之道富焉所以道有符書厭詛之方
佛禁怪力背哀之術彼此相形致使世人疑
其邪正此豈大道自然虛寂無爲之意哉將
以後人背本妄生穿鑿故也又道家方術以
昇仙爲神因而誑惑偷潤目下昔徐富欺妄
分國於夷舟文成五利妖僞於漢世三張詭
惑於西梁孫恩擾攘於東越此之巨蠹自古
稱誣以之臣政政多邪僻以之導民民多詭
惑驗其書典卷卷自違論其理義首尾無取
昔行父之爲人也見有禮於其君者敬之如
孝子之養父母見無禮於其君者惡之如鷹
鸇之逐鳥雀宣尼去君子之事上也進思盡

忠退思補過將順其美匡救其惡故上下能相親也春秋傳曰君所謂可而有否焉臣獻其可以去其否臣亦何人奉

勑降問敢不實荅其道德二卷可爲儒林之宗所疑紕繆者去其兩端請量删定案五千文曰上士聞道懃而行之中士聞道若存若亡下士聞道大笑之不笑不名爲道臣輙率下士之見爲笑道論三卷合三十六條三卷者笑其三洞之名三十六條者笑其經有三十六部戰汗上呈心魂失守謹啓

大周天和五年二月十五日前司隸毋極縣開國伯臣甄鸞啓

笑道論卷上

笑道論卷中

笑道論卷下

五億重天三十二
出入威儀三十三
道士奉佛三十四
道士合氣三十五
諸子道書三十六

造立天地一
一太上老君造立天地初記稱老子以周幽王德衰欲西度關與尹喜期三年後於長安市青羊肝中相見老子乃生皇后腹中至期喜見有賣青羊肝者因訪見老子從母懷中起頭鬢皓首身長丈六戴天冠捉金杖將尹喜化胡隱首陽山紫雲覆之胡王疑妖鑊煑

而不熱老君大瞋考殺胡王七子及國人一分並死胡王方伏令國人受化髡頭不妻受二百五十戒作吾形像香火禮拜老子遂變形左目爲日右目爲月頭爲崑崙山髮爲星宿骨爲龍肉爲獸腸爲虵腹爲海指爲五岳毛爲草木心爲華蓋乃至兩腎合爲眞要父母

臣鸞笑曰漢書云長安本名咸陽漢祖定天下將都雒邑因婁敬之諫乃歎曰朕當長安於此因尒名之周幽至末有何得老子預知長安與尹喜期乎又案三天正法混沌經云混沌之始清氣爲天濁氣爲地便有七曜万像之形其來久矣豈有化胡之後老子方變爲

日月山川之類乎若介者是則幽王之前天地未生万物去何道經有三皇五帝三王乎然則天地起自幽王矣又造天地記去崑崙山高四千八百里上有玉京山大羅山各高四千八百里三山合則高一万四千四百里文廣說品去天地相去万万五千里計紫微宮在五億重天之上是則高於崑崙山數百万里而老君以心爲華蓋肝爲青帝宮脾爲紫微宮頭爲崑崙山不知老君何罪倒竪於地頭在下肝在上以顛倒故見亦倒乎以長安爲度關之年幽王爲開闢之歲將以化物詎可承乎

二乛年号差舛者道德經序云老子以上皇元
年丁卯下爲周師無極元年癸丑去周度關臣
笑曰古先帝王立年無号至漢武帝創起建
元後王因之遂至今日上皇孟浪可笑之深
又文始傳云老子從三皇已來代代爲國師
化胡又云湯時爲錫壽子周初爲郭叔子旣爲
國師應傳典籍何爲不述但列伊尹傅說呂
望康邵之人乎而傳說者唯注老子爲柱下
吏道家注爲周師便是俗官如何史傳不說
又上皇元年歲在丁卯計姬王一代七百餘
年未聞上皇之号檢諸史傳皆云老子以景王
時度關曾哀公十六年孔丘卒即周敬王時敬

王即景王之子景王即幽王之後一十餘世此則孔老同時而化胡經乃云幽王之日度關不聞更逐何得與孔子相見乎化胡又云爲周柱史七百年計周初至幽王止有三百餘年何得妄作然上皇之年道門詭号故靈寶云我於上皇元年半劫度人其時人壽乃八千歲如何超取半劫前号將來近世用乎一何可笑且上皇無極並是無識穿鑿作者欲神其術仍以年号加日冀有信者從之又云代代爲國師葛洪神仙序中具説前聖人既出匡救爲先而夏桀陵虐塗炭生民成湯武丁思賢若渴老子何以賢君不輔虐政不師

修身養性自守而已期頤將及自知死至潛
行西度獨爲尹説直令讀誦不勸授人身死
關中墳隴見在秦佚吊之三號而出究前傳
經後人妄論雖曰尊崇翻成辱道
三氣爲天人者太上三元品云上元一品天
宮元氣始凝三光開明青黄之氣置上元三
宮第一宮名玄都元陽七寶紫微宮明則有
青元始陽之氣揔主上眞自然王宮靈寶上
皇諸天帝王上聖大神其宮皆五億五万五
千五百五十五億万重青陽之氣其中神仙
官僚人衆各有五億五万乃至如上万重皆
結自然青元之氣而爲人也其九宮重數官

僚人衆皆同紫微
臣笑曰三天正法經云天光未朗蔚積未澄七千餘劫玄景始分九氣存焉一氣相去九万九千九百九十里青氣高澄濁混下降而九天眞王元始天王生於九氣之中氣結而形焉便有九眞之帝皆九天清氣凝成九字之位三元夫人從氣而生在洞房宫玉童玉女各三千而侍以天爲父以氣爲母生於三元之君
又案靈寶罪報品云太上道君禮元始天尊問十善等法於是天尊命召神仙各說因緣恒沙得道已成如來其未成者亦如恒沙又

文始傳云天堂對地獄善者升天惡者入地
若如此說理則不然何者元始天王及太上
道君諸天神人皆結自然清元之氣而化爲
之本非修戒而成者也彼本不因持戒而成
者何得令我獨行善法而望得之乎
又案度人本行經云太上道君言我無量劫
度人無數元始天尊以我因緣之勳賜我太
上之号推此有疑如有無生成品云空爲万
物母道爲万物父此則先有於道乃有衆生
然此爲道之父非衆生所作道既如此衆生
何用修善而作乎又道生万物生物之初是
則始也我既始生未有染習何得有六道四

生苦樂之别乎又不可也又云衆生神識本來自有非道生者道既能生万物神識豈非物乎又不可也

四結土爲人者三天正法經云九氣既分九眞天王乃至三元夫人三元之君太上道君於是而形逺至皇帝始立生民結土爲像於曠野三年能言各在一方故有傖秦夷羌五情合德五法自然承上眞之氣而得爲人也臣笑曰三元品善惡業對皆由一身又文始傳云若婬盜不孝死入地獄受五苦八難後生六畜邊夷之中推此而言乖違大甚且皇帝土像之日經于三年上眞氣入乃能言語

此上清之氣與太上同源論先未有惡善何
爲入土像中即墮八難爲蠻夷乎此土爲像
先亦無因云何造作之後乃有中邊之别乎
又上眞之氣爲癡爲黠若其癡也不應入土
能言如其黠也應識五苦八難如何不樂善
樂而貪爲苦難乎推此諸條可笑之深也

五明五佛並興者文始傳云老子以上皇元
年下爲周師無極元年乘青牛薄板車度關
爲尹喜說五千文曰吾遊天地之間汝未得
道不可相隨當請五千文万遍耳當洞聽目
當洞觀身能飛行六通四達期於成都喜依
言獲之既訪相見至罽賓檀特山中乃至王

以水火燒沉老子乃坐蓮華中誦經如故王求哀悔過老子推尹喜爲師語王曰吾師號佛佛事無上道王從受化男女髡鬄不娶於妻是無上道承佛威神委尹喜爲罽賓國佛號明光儒童

臣笑曰廣説品云始老國王聞天尊説法與妻子俱得須陁洹果清和國王聞之與群臣造天尊所皆白日昇天王爲梵天之首号玄中法師其妻聞法同飛爲妙梵天王後生罽賓号憤陁力王殺害無道玄中法師須化度之乃化生李氏女之胎八十二年剖左腋生而白首經三月乘白鹿與尹喜西遊隱檀特三

年憤陁力王獵見便燒沉老子不死王伏便剃鬚改衣姓釋名法号沙門成果爲釋迦牟尼佛至漢世法流東秦又文始傳老子化胡推尹喜爲師而化胡消氷經云尹喜推老子爲師文始傳云吾師号佛佛事無上道又云無上道承佛威神委喜爲佛推此衆途師弟亂矣何名教之存乎又化胡消氷經皆言老子化罽賓身自爲佛廣説品憤陁力王老之妻也得道号釋迦牟尼佛即秦漢所流者玄妙篇云老子入關至天竺維衞國入於夫人清妙口中至後年四月八日剖左腋而生舉手曰天上天下唯我爲尊三界皆苦何可樂者

尋罽賓一國乃有五佛俱出一是尹喜号儒童者二是老子化罽賓者三老子之妻憤陁王号釋迦者四老子在維衛作佛亦号釋迦五白淨王子悉達作佛復号釋迦案文始傳云五百年一賢千年一聖今五佛並出不覺煩乎若言聖人能分身化物說經亦必多方何爲老化則多經唯二卷不變至於儒童尹喜憒陁佛經無聞於今但是白淨王子所說以此推之老喜爲佛虚妄可曝且老經秘說不許人聞前後相番誠有遠意然老子能作佛止是一人道士不知奉佛惑之甚矣如父爲道人子爲道士豈以道人故而不認其父乎

六五練生尸者五練經云滅度者用色繒天子一四公王一丈庶民五尺上金五兩而作一龍庶民用鐵五色石五枚以書玉文通夜露埋深三尺女青文曰九祖幽魂即出長夜入光明天供其廚飯三十二年還其故形而更生矣

臣獎曰三元品中天地水三宮九府九宮一百二十曹罪福功行考官書之無有差錯善者益壽惡者奪筭豈有不因業行直用五尺繒而令九祖幽魂入光明天三十二年還故形耶不然之談於斯可見計五練之文出天地未分之前至今亦應用者則三十二年

後穿冢而出耳目所知何爲犧皇已來不聞
道士死屍九祖從地出者不然之狀又可笑
也今郊野古冢亦有穴開焉非道士祖父更
生之處乎亦可啓齒

七觀音侍道者有道士造老像二菩薩侍之
一曰金剛藏二曰觀世音又道士服黃巾帔
或以服帊通身被之偷佛僧袈裟法服之相
其服黃帔乃是古賢之衣橫披加前兩帶者
今悉削除學僧服像

臣笑曰案諸天內音八字文曰梵形落空九
重推前天眞皇人解曰梵形者元始天尊於
龍漢之世号也至赤明年号觀音矣又案蜀

記云張陵避瘧丘社中得呪鬼之術自造符
書以誑百姓爲大虵所吞弟子耻之云白日
昇天陵子衡爲係師衡子魯爲嗣師以祖妖
法惑亂天下漢書云劉焉以魯爲督義司馬
遂殺漢中太守蘇固便得漢中鬼道化人時
傳黄衣當王魯遂令其部衆改著黄衣巾帔
代漢之徵自尒至今黄服不絶像服沙門良
可悲也且立身之本忠孝爲先子像父侍天
地不立觀音極位太士老子不及大賢而令
祖父立侍子孫是不孝也又襲張魯逆人之
服是不忠也既挾不忠不孝何足踵焉
八佛生西陰者老子序云陰陽之道化成万

物道生於東爲木陽也佛生於西爲金陰也道父佛母道天佛地道生佛死道因佛緣並一陰一陽不相離也佛者道之所生大乘守善道者自然無所從生佛會大坐法地方也道會小坐法天圓也道人不兵者乃是陰氣女人像也故不加兵役道作兵者可知道人見天子王侯不拜像女人深宮不干政也道士見天子守令拜者以干政爲臣僚也道會飲酒者無過也佛會不飲以女人飲酒犯七出也道會不齋以主生生須食也佛會持齋以主死死不食又以女人節食也道人獨卧以女人等守一也道士聚宿故無制也

臣笑曰文始傳云道生東木男也佛生西金女也今以五行推之則金能刻木木以金爲官鬼金以木爲妻財推此則佛是道之官鬼道是佛之妻財也又云道生佛者理則不然陰陽五行豈有生金之木故知道不生佛道人大坐以是道之官府道士小坐以上逼於官也道人不兵租者以本王種故免也道士庶賤兵租是常道經若此若免兵租便違道教又靈寶大誡云道士不飲酒不干貴如何故違犯大誡乎後之紘紘全無指的

又云道士以齋爲死法故不齋者何不飽食終日養此形骸而興絕粒服氣以求長生之

術乎卒不見之終爲捕影之論矣
又云道人獨卧道士聚宿據此合氣黄書不可妄乎

笑道論卷中

九日月周徑者文始傳云天去地四十万九
千里日月直度各三千里周迴六千里天地
午子相去九千万万里卯酉西隅亦令轉形
濟苦經云崑崙山高一万五千里
臣笑曰依濟苦經云天地相去万万五千里
與前文始全所不同文始傳云日月周圍六
千里徑三千里據法則圍九千里如何但止
六千耶又天圓地方道家恒述今四隅與方
等量則天地俱圓矣化胡云佛法上限止極

三十三天不及道之八十一天上也又去崑崙山九重重相去九千里山有四面面有一天故四九三十六天第一重帝釋居之今計崑崙山高一万五千里而有九重重高九千則高八万一千而言万五千者何太乖各大可笑也

十崑崙飛浮者文始傳去万万億万万歲一大水崑崙飛浮尒時飛仙迎取天王及善民安之山上復万万億万万歲大火起尒時聖人飛迎天王及人安于山上

巨笑曰濟皆經去天地劫燒泒然空蕩清氣爲天濁氣爲地乃使巨靈胡亥造立山川巨月如前崑崙山飛浮容可迎人安山之上若天

地洞然山爲火焚義不獨立如何迎取王人安山上乎又度人妙經云五億重天之上大羅之天有玉京山災所不及計太上慈愍何不迎之以在玉京乎若看死不迎是不慈也若不能迎是欺詐也又度人本行經云道言我隨劫生死然太上道君居大羅之上災中不及猶去隨劫生死自餘飛仙如何迎取天王善人安于山上令免死者深大愚駭又可笑也

十一法道天置官者五符經云中黃道君曰天生万物人爲貴也人身包含天地無所不法立天子置三公九卿二十七大夫八十一元士九州百二十郡千二百縣也膽爲天子

大道君脾爲皇后心爲太尉左腎爲司徒右腎爲司空封八神及臍爲九卿珠樓神十二胃神十二三焦神三合爲二十七大夫四肢神爲八十一元士合之百二十以法郡數也又肺爲尚書府肝爲蘭臺府

臣笑曰檢道經州縣之名文似近代所出古縣大而郡小見于春秋及周書洛誥今反以郡大於縣是則非春秋已前道經乎誣罔迷謬不可觀而可笑也

十二稱南無佛者化胡經云老子化胡王不受其教老子曰王若不信吾南入天竺教化諸國其道大興自此已南無尊於佛者胡王猶

不信受曰若南化天竺吾當稽首稱南無佛
又流沙塞有加夷國常爲劫盜胡王患之使
男子守塞常憂因号男爲優婆塞女子又畏
加夷所掠兼憂其夫爲夷所困乃因号優婆夷
臣笑曰梵言南無此言歸命亦云救我梵言優
婆塞此言善信男也優婆夷者云善信女也
若以老子言佛出於南便云南無佛者若出
於西方可云西無佛乎若言男子守塞可名
憂塞女子憂夫恐夷可名爲憂夷未知婆者
復可憂其祖母乎如此依字釋詁醜拙困辱
大可笑也
十三鳥跡前文者洞神三皇經稱西域仙人

曰皇文者乃是三皇巳前鳥跡之始文章也
又云三皇者則三洞之尊神大有之祖氣天
皇主氣地皇主神人皇主生三合成德万物
化生
臣笑曰南極眞人問事品稱靈寶眞文三十
六卷在玉京山玄臺玉室眞文大字滿中天
地淪没万成万壞眞文獨明此之眞文即三
洞文也三皇即三洞之尊神必不在三洞之
從介時未有鳥獸何得云三皇巳前鳥跡之
始文也若以伏犧爲三皇者案淮南子云皇
帝使倉頡觀鳥跡造文字此則止在皇帝之
時何得云三皇巳前鳥文之始乎

十四張騫取經者化胡經曰迦葉菩薩去如來滅後五百歲吾來東遊以道授韓平子白日昇天又二百年以道授張陵又二百年以道授建平子又二百年以道授干室介後漢末陵遲不奉吾道至漢明永平七年甲子歲星晝現西方夜明帝夢神人長一丈六尺項有日光旦問羣臣傅毅曰西方胡王太子成道佛号明帝即遣張騫等窮河源經三十六國至舍衛佛已涅槃寫經六十万五千言至永平十八年乃還

臣笑曰漢書云張陵者後漢順帝時人客學於蜀入鵠鳴山爲虵所吞計順帝乃是明帝

七世之孫理不在明帝之前百餘年也
又去明帝遣張騫尋河源者此亦妄作桉漢
漢書張騫爲前漢武帝尋河源云何後漢明
帝復遣尋耶不知騫是何長仙乎代代受使
一向苦哉又可笑其妄引也
十五日月普集者諸天内音第三宗飄天八
字文曰澤落覺菩臺緣大羅千天眞皇人解
曰澤者天中山名衆龍所窟落覺者道君之
内名菩臺者眞人之隱号玉臺處澤山之陽
三万日月明其乇右羅漢月夫人大劫既交
諸天日月會玉臺之下大千世界之分天下
改易大千洞然

臣笑曰濟菩經云乾坤洞然之後乃使巨靈
胡亥造山川玄中造日月昆山南三十兆里
復有昆山如是次第有千昆山名小千界復
有千小千名中千界復有千中千名一大千世界
計大千世界中有百億日月又經云大劫既交天地
改易日月星辰無有存者若其普集則百億
俱來何爲但三万而至若餘不集者爲是災
所不及爲是本界闕少若必少者地上凡人
尚蒙日月之照天上福勝如何獨無照乎又
日月之下乃是欲界下人不名犬羅上界災
所不及今所不來者理在然乎將知造此經
者唯聞大千之名迷於日月之數故其然哉

十六太上尊貴者文始傳稱老子與尹喜遊
天上入九重白門天帝見老便拜老命喜與
天帝相禮老子曰太上尊貴尅日引見太上
在王京山七寶宮出諸天上寂寂冥冥清遠矣
臣奕曰神仙傳云吳郡沈羲白日登仙四百
年後還家説云初上天時欲見天帝天帝尊
貴不可見遂先見太上在正殿坐男女侍立
數百人如此狀明則知太上劣於天帝矣言
太上尊貴治在衆天之上者妄也今據九天
生神章太上住在玄都宮也其玉清宮在玄
都之上何童宮復在玉清之上便高玄都兩
重矣而老子云太上治在衆天之上者何謬

如斯

十七五穀爲刳命之鑿者化胡經云三皇修道人皆不死上古之時天生甘露地生醴泉食飲長生中古世來天生五氣地出五味食之延年下古世薄天生風雨地養百獸人捕食之吾傷此際故嘗百穀以食兆民於是三皇各奉粟五斗爲信求世世子孫不絶五穀生神州

臣笑曰五符經云三仙王告皇帝曰人所以壽老者不食五穀故也大有經曰五穀刳命鑿臭五藏命促縮此粮入腹無希久壽汝欲不死腸中無屎五府經云黃精者三陽之氣

上入太清之宫食之甘美又長生也未解老
子何不嘗此而嘗五穀腐人之腸乎又三皇
者皆神人也何以不令子孫王於長生之國
而以五升之穀請子孫王於神州求刳命腐
腸之短壽乎又可笑也
十八老子作佛者玄妙内篇云老子入關往
維衛國入清妙夫人口中後剖右腋生行七
步曰天上天下唯我爲尊於是乃有佛法
臣笑曰化胡經云老子化罽賓一切奉佛老曰
却後百年兜率天上更有眞佛託生舍衛白
淨王宫吾於尒時亦遣尹喜下生從佛号曰
阿難造十二部經老子去後百年舍衛國王

果生太子六年苦行成道号佛字釋迦文四十九年欲入涅槃老子復見於世号迦葉在雙樹間爲諸大衆啓請如來三十六問訖佛便涅槃迦葉菩薩焚燒佛屍收取舍利分國造墖阿育王又起八万四千墖即以事推老子本不作佛若作佛者豈可老還自燒老屍而起墖耶且可一笑且老子諸經多云作佛或作國師豈可天下國師與佛必待伯陽乎度人化俗要須李耳耶若云佛不能作要須道者從始氣已來獨一老子不許餘人悟大道而爲國師耶是則老爲自伐惟我能也然佛經人人修行皆得佛果道經不述唯一老

君如何佛教如此之弘道經如斯之隘乎且
妄言虛述首尾無據蜀記張陵被虵噉注而白
日昇天漢書鄧突伏鉞乃言長生不死道家
誣老子作佛詎可怪哉
又造天地經云西化胡王老子變形而去左
目爲日右目爲月案玄妙經云老子乘日精
入淸妙口中是則老子乘一目之精而入口
也計大道洞神何所不在乃要憑一精而入
胎乎若必藉精精依於首若乘頭入者兩眼
俱來今乃乘一眼而入便成偏見之大道乎
亦可笑也
十九勑瞿曇遣使者老子化胡歌曰我在舍

衛時約勑瞿曇身汝共摩訶薩賁經來東秦
歷洛神州界迫至東海間廣宣世尊法教授
聾俗人與子威神法化道滿千年年滿時當
還慎莫戀東秦無令天帝怒太上蹋地瞋
臣笑曰案瞿曇者即釋迦也化胡經云周莊
夲初三年太歲丙辰白淨三子既得正覺号
佛釋迦老子見廿共去世恐人懈怠復下多羅
聚落号曰迦葉親近於佛焚屍取骨起塔分
布若如上文釋迦未生不得預遣瞿曇往東
土也如其已生成佛者中間無容得受迦葉
之約勑充千年之使乎豈有菩薩親侍於佛
而勑佛為使乎

又周華一政止有一十五年元年乙酉全無
丙辰本初之号何謬如斯足令掩耳亦使太
上蹋地而瞋乎
二十以酒脯事邪求道者度人妙經稱三界
魔王各有歌辭誦之百遍名度南宫千遍魔
王保迎万遍飛升天空過三界登仙公又玄
中精經道士受戒符籙置五岳位設酒再拜
臣笑曰觀身大戒云道學不得祠祀鬼神及
向禮拜既是欲界魔王未度諸有焉能誦通
百遍度南宫耶
又案三張之法春秋二分祭社祠竈冬夏兩
至同俗祠祀兵符社契軍將吏兵都無誠勸

之文此之神社爲神爲道若是神者道士不
拜如其道也不設酒脯豈有口誦魔言身行
禮祭求出三界諒可悲矣
二十一佛邪亂政者化胡經云佛興胡域西方
金氣剛而無禮神州之士効其儀法起立浮
圖處處專尚佛經背本趣末言辭迂蕩不合
妙法飾彫經像以誑王臣致天下水旱兵革
相伐不過十年災變普出五星失度山河崩
竭王化不平皆由佛亂帝主不事宗廟庶人
不享其先所以神祇道氣不可復理
臣笑曰智慧罪根品云元始天尊曰我於上
皇元年半劫度人延命万八千年我去後人

心頹壞淫祀邪神殺生禱祈更相殘害自取
天傷壽無定年以此推之淫祀邪神丂神歡
喜氣與道合應獲福利云何命促壽無定年
又漢明已前佛法未行道氣隆盛何乃兵戈
屢作水旱相尋雨血山崩飢荒荐集更有桀
紂炮烙生靈自明帝後佛法行來五百餘年
寧有妖災虐政甚於前者以今驗古誰有誑
欺事彰竹帛不可掩也鸞乃庸踈頗尋兩教
道法謙退行僞以顯佛眞佛法澄正存理而
開物性若不如此通道則可笑殺人
二十二樹木聞戒枯死者老子百八十戒重
律云吾戒大重向樹說之則枯向畜說之則死

又靈寶經云玄素之道古人修之延年益壽今人修之消年損命又道士受三五將軍禁厭之法有怨憎者癲狂殞命

又度國王品東方開明招真神身著黑幘有赤文足廣百步頭拄天主食邪魔口容山朝食五百暮噉三千十十五五合衣吞

臣笑曰三元大戒云天尊說十戒十善等法無量人得道戒云不得懷惡心聞戒不信生謗生謗皆得罪令樹木無情不慮獲罪起謗何須戒之令枯若必枯死此則有知若有知者聞法應悟然無此理何用斯言公知令人修則損命災毒已行大道寬容檢而不檢致令

殃延後代而不收録之耶又案三張之術畏
鬼科曰左佩太極章右佩昆吾鐵指日則停
空擬鬼千里血又造黄神越章殺鬼朱章殺
人或爲塗炭齋者黄土泥面驢輾泥中懸頭
著柱打拍使熱自晉義熙中道士王公期除
打拍法而陸修静猶以黄土泥額反縛懸頭
如此淫祀衆望同笑又案漢婕妤帝疑其詛
對曰若鬼神有知不受無理之詛如其無知
請之何益故不爲此以事推測常人之智尚
識達之況鬼有靈聰明正直而受愚厭者未
之有也今觀其文詞義無取有同俗巫解奏
之曲何期大道若此容而不非乎將不耽嗜

糟汁酒淫終歲以理推誠豈得尔耶

笑道論卷下

二十三起禮北方爲始者依十戒十四持身經云北方禮一拜北方爲始東向而周十方想見太上眞形

臣鸞曰文始傳云老子與尹喜遊天上喜欲見太上老曰太上在大羅天玉京山極幽遠可遥禮闕遂不見而還以此推之玄都玉京太上所住今在上方何不以上爲首而浪禮北方耶然道生東陽也何不從東方爲始佛生西陰也北亦陰也前已鄙之今復尊重而前禮乎又罪根品云太上道君同陽館中稽首禮

元始天尊問十善等法此戒乃天尊所說何以不禮天尊而想見太上乎捨本逐末誰之咎也

二十四害親求道者老子消氷經云老子語尹喜曰若求學道先去五情一父母二妻子三情色四財寶五官爵若除者與吾西行喜精銳因斷七人首持來老笑曰吾試子心不可爲事所殺非親乃禽獸耳伏視七頭爲七寶七尸爲七禽喜疑反家七親皆存又造立天地記云老子化胡胡王不伏老子打殺胡王七子國人一分

臣笑曰三元誡云道學不得懷挾惡心不孝父母不愛妻子計喜所殺父母如知是幻何

得懷疑反視如其實心依誠懷惡邑犯重罪何況斬二親之首乎又胡王不伏殺其七子亦以甚矣又殺國人一分何斯不仁之深乎若作法於後代則令求道者皆殺二親妻子矣又不可以一王不伏而濫誅半國之人乎進退二三可笑怪也

二十五延生符者三元品云紫微宮有延生符爪書八方則八氣應之便成人毀符以燒者人隨煙化爲氣其文四萬劫一出

臣笑曰文始傳云萬萬億億歲一大水崑崙飛浮有仙飛迎天王善人安之山上乃至前萬萬歲天地混沌如雞子黃名曰一劫按大

水之曰天人不死不應迎之山上又濟苦經云乾坤洞然之後潰然空蕩計一劫之時人物不存其延生符四萬劫乃出豈可四萬劫中絶無天人幽幽冥冥何其遠也又萬萬止是一億億止是一兆止言一億兆年而云萬萬億億者蓋新學造經不知數之大小耳

二十六椿與劫齊者洞玄東方青帝頌曰九五不常居天地有傾危大劫終一椿百六乘運迴

臣笑曰大水既漂崑崙飛浮後有大火金鐵融地無草乃至萬萬億歲天地如鷄子黄摠名一劫然椿是廿木以廿火燒之則灰值劫

尖便絶而言大劫齊椿者一何謬歟亦可笑矣
二十七隨劫生死者如度命妙經云大劫交
周天崩地淪欲界滅無大平道經佛法華大
小品周遊上下十八天中在色界内至大劫
交其文乃没其玉清上道三洞神經眞文玉
字出於元始在二十八天無色界上大羅玉
京山玄臺災所不及故自然之文與運同生
同滅能奉之七祖生天轉輪聖王代代不絶
臣笑曰度人本行經云道言自元始開光已
來赤明元年經九千餘億劫度一恒沙衆生介後
至上皇元年度人無量我隨劫生死世世不
絶恒與靈寶同出經久劫終九氣改運託胎

洪氏積三千餘年至赤明開通歲在甲子誕
於扶力蓋天復與靈寶同出度人元始天尊
以我因緣賜我太上之号在玄都玉京以此
推之眞文在玉京之山災所不及而云自然
之文與運同生同滅同生同滅豈非災也又
云我與靈寶同時出没又云我隨劫生死計
靈寶運滅太上隨亡而云長生不死此爲妄
也又玉京在衆天之上災所不及理合可疑
一切形色無有存者玉京玉臺斯爲色界色
界非常玉京豈存又赤明甲子之号殊同河
漢之實矣
二十八服丹成金色者神仙金液經云金液

還丹太上所服而神令燒水銀還復爲丹服之得仙白日昇天求仙不得此道徒自苦耳燒丹成水銀燒水銀成丹故曰還丹

昔韓終服之面作金色又佛身黃金色者蓋道法驗也令身內外剛堅如金故号佛金剛身也

臣筴曰文始傳云太上老子太一元君此三聖亦可爲一身金液經云太一者唯有中黃丈夫及太一君此二仙人主也飲金液升天爲天神調陰陽矣尋韓終未服金液止是常人既服升天即老君是也而老君爲太上萬眞之主何所不能而乃須服金液後調陰陽乎

又太一大神成者多少謂陰陽者復須幾人若言服者皆得何其多耶又丹與水銀遍地皆有火燒成丹作之不難何爲道士不服白日昇天爲天仙之主而辛苦叩齒虛過一生良可哀哉若不服者明知爲丹所悮故捕影之談耳又云佛身金色由丹所成此乃不須行因一任丹得邪見之重可爲悲矣

二十九偷改佛經爲道經者如妙眞偈云假使聲聞衆其數如恒沙盡思共度量不能測道智

臣筴曰此乃改法華佛智爲道智耳自餘並同諸文非一昔有問道士顧歡歡答靈寶妙

經天文大字出於自然本非法華乃是羅什
妄與僧肇改我道經爲法華也且靈寶偷於
法華可誑東夏法華之異靈寶不殊西域今
譯人所出不爽經文以此推之故知偷改爲
靈寶且佛經博約詞義宏深千卷百部無重文
者不同老經自無别計倚傍佛經開張卷部
且五千之文全無及佛佛之八藏亦不論道
目餘後作皆竊佛經後自明之不廣其類是
以古來賢達諷誦佛經至今流傳代代不絶
道法必勝何不誦持舉國統括誦道誰是是
故知非可爲准的
三十偷佛經因果者度王品云天尊告純陁

王曰得道聖衆至恒沙如來者莫不從凡積行而得也十仙者無數亦有一興而致一仙位復有積劫而登由功高則一舉功卑則十升有十階級從歡喜至法雲相好具足於是諸王聞說即得四果又度身品尼乾子於天尊所聞法獲須陁洹果又文始傳老子在罽賓彈指諸天王羅漢五通飛天俱至遣尹喜爲師得道菩薩爲老子作頌

臣笑曰佛之與道教迹不同變通有異道以自然爲宗佛以因緣爲義自然者無爲而成因緣者積行乃證是以小乘列四果之梯大乘有十等之位從凡入聖具有經論未知道

家所引四果十仙名與佛同修行因緣未見
其說然道家所修吸氣沖天飲水證道閒法
飛空餌草尸解行業既殊證果理異但說天
有五重或三千六千或八十一天或六十大梵或三
十六天或三十三天或五億五萬餘天或九眞天
王九氣天君四方氣君三元三天九宮天曹
玉清太有玄都紫微三皇太極諸如此類理
有所緣豈有虛張自取矯異請說此天爲重
爲横爲虛爲實服何丹草而獲此天脫所未
詳則徒爲虛指更來可笑矣
三十一道經未出言出者案玄都道士所上
經目取宋人陸修靜所撰者目云上清經一

百八十六卷一百一十七卷已行始清已下四
十部六十九卷未行於世檢今經目並云見
存乃至洞玄經一十五卷猶隱天宫今檢其
目並注見在
臣笑曰修靜宋明帝時人太始七年因勑而上
經目既云隱在天宫尒來一百餘年不聞天
人下降不見道士上昇不知此經從何至此
昔文成書以飯牛詐言王母之命而黄庭元
陽以道換佛張陵創造靈寶吴赤烏時始出
上清起於葛玄宋齊之間乃行鮑靜造三皇
事露而被誅文成書飯牛致戮於漢世今之
學者又踵其術又可悲乎漢書張魯祖父陵

桓帝時造符書以惑衆受道者出米五斗俗
謂米賊陵傳子衡衡傳子魯号曰三師三人
之妻爲三夫人皆云白日昇天初受道名鬼
卒後号祭酒妖鄙之甚穿鑿濫行皆此例矣
三十二五億重天者文始傳云天有五億五
萬五千五百五十五重地亦如之厚一萬里
四角有金柱金軸方圓三千六百里神風持
之以四海爲地脉天地山川河漢通氣風雲
皆從山出
臣笑曰三天正法經云天光未明七千餘劫
玄景始分九氣存焉九眞天王元始天王稟
自然之胤置九天之号上中下眞爲一元

元有三天上元宫即太上大道君所治計一
天相去九萬九千九百九十里則九天相去
七十九萬九千九百二十里一里有三百步
一步有六尺則有一十四億三千九百八十
五萬六千尺以五億重天分之則天天相去
二尺豈有厚萬里之地上載二尺之天乎文
始傳云老子引四天王大衆皆身長丈六短
者丈二計人大而天小何以自容常卧不起
愕然大恠
三十三道士出入儀式玄中經說道士執簡
者用金玉廣一寸長五寸五分執之爲況中
古王執朝師君下古金玉隱執雜木長九寸

名爲手簡執以去慢誡於道士若入王宫聚落人室在舍外十步著巾帔執況而入勿有側背出舍外脱巾帔著素服行勿自顯損道法若入俗家整威儀執簡坐勿使俗恠道士行百里外執杖巾帔香爐銅鑵鉢盂出家之具自隨威儀具足得十種功德

臣奕曰自然經云道士巾褐帔法褐長三丈六尺三百六十寸法年三十六旬年有三百六十日一身兩角角各有六條兩袖袖各六條合二十四條法二十四氣二帶法陰陽中兩角法兩儀乃至冠法蓮華巾也自然經既有科律何以不依乃法張魯黄巾之服違律

而無識也
三十四道士奉佛者化胡經云願將優曇華願
燒栴檀香供養千佛身稽首禮定光又云佛
生何以晚泥洹何以早不見釋迦文心中大
懊惱又大戒云道學當念遊大梵流景宮禮佛
臣笑曰數齋經天尊令右玄眞人曰釋迦文以
轉輪生死法化世使天老右玄眞人以仙度
之道不死之大法又老子序云道主生佛主
死道忌穢佛不忌道屬陽生忌穢佛則反之
據此清濁天分死生大判何爲不念清虛大
道而願生死穢惡佛乎故昔殷太宰問孔子
聖人孔答三皇五帝三王及丘俱不聖也西

方之人有聖者焉故知孔子以佛爲聖不以
道爲聖也化胡經云天下大術佛術第一昇玄
云吾師化遊天竺符子曰老氏之師名釋迦
文此道齊經又云稱仙梵天稱佛隱文外國
讀經多是梵天道士所好梵即佛也此即學
佛必矣由稱梵也

又靈寶三十二天大梵隱語天各八字誦之
萬遍即飛行七祖同昇南宮此又道士學佛
之證也然道士止知學梵亦不知梵是何佛
愚而信之亦應有福不知可笑以不

三十五道士合氣法眞人内朝律云眞人曰
禮男女至朔望日先齋三日入私房詣師所

立功德陰陽並進日夜六時此諸猥雜不可聞說

又道律云行氣以次不得任意排醜近好抄截越次又玄子曰不鬲戾得度世不嫉妬世可度陰陽合乘龍去云云

臣笑曰臣年二十之時好道術就觀學先敎臣黃書合氣三五七九男女交接之道四目兩舌正對行道在於丹田有行者度厄延年敎夫易婦唯色爲初父兄立前不知羞耻自稱中氣眞術今道士常行此法以之求道有所未詳

三十六諸子爲道書者玄都經目云道經傳

記符圖論六千三百六十三卷二千四十卷
有本須紙四萬五十四張其一千一百餘卷
經傳符圖其八百八十四卷諸子論其四千
三百二十三卷陸修静録有其數目及本並
未得
臣鸞笑曰道士所上經目陸修静目中見有
經書藥方符圖止有一千二百二十八卷本
無雜書諸子之名而道士令列二千餘卷者
乃取漢藝文志目八百八十四卷爲道之經
論據如此狀理有可疑何者至如韓子孟子
淮南之徒並不言道事又有八老黄白之方
陶朱變化之術翻天倒地之符辟兵殺鬼之

法及藥方呪厭得爲道書者可須引來未知
連山歸藏易林太玄皇帝金匱太公六韜何
以不在道書之例乎修靜目中本無諸子今乃
秉安不知何據且去年七月中道士所上經
目止注諸子三百五十卷爲道經今云八百
餘卷何以前後不同又人之有惡唯恐人知
己之有善慮人不見故道士自書云不受道
戒者不得讀道經即如此狀恐人知其醜乎
若以諸子爲道書者人中諸子悉須追取何
得遺之且道士引例我老子道德本是諸子
今尊爲經流例相附有何過歟若尒則知老
子黄子諸子之流如何得與儒流七經而相

抗乎班固先六經後二篇序道爲中上賢類斯實録矣
又陶朱者即范蠡也既事越王勾踐君臣囚吴石室甞屎歆尿亦以甚矣今尊崇其術不亦昧乎
又蠡子被戮於齊何爲不行父術變化而自免乎
又造天地經老子託幽王皇后腹即幽王之子也身爲桂吏即幽王之臣也化胡經云老子在漢爲東方朔若審尒者幽王爲犬戎所殺豈可不授君父與神符令不死乎
又漢武窮兵疲役中國天下戸口至減太半

老子爲方朔者何忍不與辟兵辟穀之符䟕
人呪鬼之方以護漢國乎眼看流弊若此無
心取救將非欺誑之謬乎又統收道經目録
乃有六千餘卷覈論見本上有二千四十卷
餘者虚指未出將非鉛墨未備致經本未成
乎自餘孟浪紛綸無足更廣

廣弘明集卷第九　典

不揆下求癸反｜｜度也俱偉下羽鬼反奇也美也搔擾上蘇刀反下饒
小反｜｜亂也巨蠹下音妬害也鷹鸇下之然反小鷂子也否方久反
紕繆上疋悲反下苗幼反毋極上音無甄鸞上音眞差舛下昌
軟反不等也烝氣字張騫下去乾反椿丑倫反松之類髠頭上音坤

不妻下去聲雒邑上音洛婁敬上音樓錫壽上先擊反傳
說二字音付悅姬王上居之反夏桀下渠列反陵虐下魚却反期
頤下余之反百年曰丨丨蔚積上鬱畏二音傖秦上助庚反楚人別稱曰丨
夷羌下苦良反黠開八反智也薄板上正作薄廚賓上居例反憤
陏上房粉反可曝下蒲報反繒自陵反丨綵远五字五枚下音梅
服帊下乙駕反二字有誤作眠炮係師上音計督義上音篤或作叔
踵焉上之勇反繼也兵租下子姑反稅也誣誷二字音無罔謗也作誣烱
非也掠音略劫丨釋詁下音古丨訓也倉頡下戶結反傅毅上音付下
魚既反鶬鳴上胡篤反乹巛下古文坤字刳音枯剖也醴泉上音
禮同前腐音父丨壞隘於賣反窖丨也伏鉞下音越大斧也詎可上音巨豈
也蹋地上徒啓反迂蕩上紆于二音不享下許兩反頹壞上徒
回反鑒也荐集上在見反重也桀紂上渠列反下直九反炮格上步交反

古隋反殞命上羽敏反殁也黒幘下音責巾：婕妤二字音接余同
前其詛下側助反湎滛上音緬或作湎淫嗜酒也潰然上玄對反金
液下音亦盡思上子忍反下相寺反度量上徒各反愣
然上吾各反鉾盂下書手法褐下胡葛反大衣也猥雜上烏每反
丨鄙萬矣三字音隣麗金匱下俗作遺六韜下王刀反勾踐上古
侯反下音賤越王名范蠡下音禮亦作蠡覈論上開萬反鉛墨上音緣粉
也孟浪言不實謂丨丨上作猛非

廣弘明集　才十

四百七十六
典十

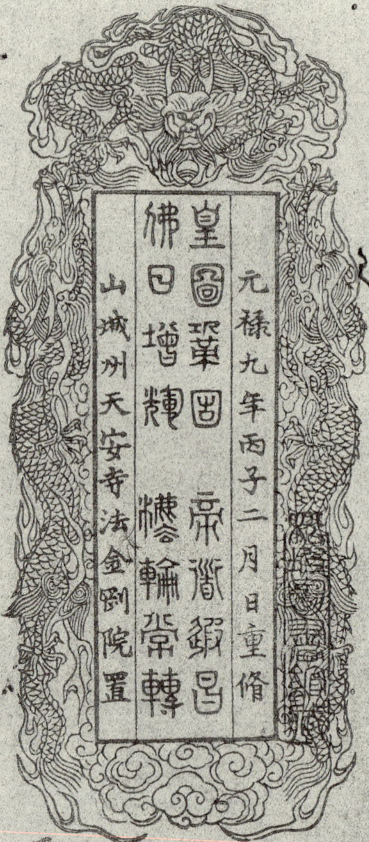
元祿九年丙子二月日重脩
皇圖鞏固 帝道遐昌
佛日增輝 法輪常轉
山城州天安寺法金剛院置

廣弘明集卷第十　典

唐終南山釋氏道宣撰

辨惑篇第二之六

周祖廢二教立通道觀詔十

周武帝

周祖平齊召僧叙廢立抗詔事十一

釋慧遠

周祖巡鄴請開佛法事十二

任道林

周天元立對衛元嵩上事十三

王廣明

周祖廢二教已更立通道觀詔十

周帝宇文邕

武帝猜忌黑衣受法黃老欲留道法擯滅佛宗僉議攸同咸遵釋教帝置情日久殊非本圖會道安法師上二教論無聞道法意弥不伏無柰理通衆口義難獨留遂二教俱除憤發於內外未逾經月下詔曰至道弘深混成無際體包空有理極幽玄但岐路既分流源逾遠淳離樸散形器斯乖遂使三墨八儒朱紫交競九流七略異說相騰道隱小成其來久矣不有會歸爭驅靡定自今可立通道觀聖哲微言先賢典訓金科玉篆秘賾玄文所以濟養黎元扶成教義者並宜弘闡一以貫之

俾夫翫培塿者識嵩岱之隆崛守磧礰者悟
渤澥之泓澄不亦可乎所司量置員數俸力
務異恒式王者施行
于時員置百二十人監護吏力各有差並選
釋李門人有名當世者著衣冠笏履名通道
觀學士有前沙門京兆樊普曠者彭亭譎詭
調笑動人帝頗重之召入通道雖被抑退常
翦髮留鬚帝問何事去留曠曰臣學陛下二
教雖除猶存通道鬚爲俗飾故留髮非俗教
故遣帝曰俗有留髮上加以冠何言非教廣曰
無髮之士豈是教乎臣預除之加冠何損帝
笑之自尒常淨剃髮著冠纓領人有問者曰

我患熱也云云

周祖平齊召僧敘廢立抗拒事

沙門慧遠

周武帝以齊承光二年春東平高氏召前修大德並赴殿集帝昇御座序廢立義云朕受天命寧一區宇世弘三教其風逾遠考定至理多愆陶化今並廢之然其六經儒教之弘政術禮義忠孝於世有宜故須存立且自真佛無像遙敬表心佛經廣嘆崇建圖塔壯麗修造致福極多此實無情何能恩惠愚人嚮信傾竭珍財徒爲引費故須除蕩故凡是經像皆毀滅之父母恩重沙門不敬悖逆之甚國

法不容並退還家用崇孝治朕意如此諸大德謂理何如于時沙門大統等五百餘人咸以王威震赫決諫難從闕內已除義非孤立衆各默然下勅催荅並相顧無色俛首垂淚有慧遠法師聲名光價乃自惟曰佛法之寄四衆是依豈以杜言謂能通理遂出對曰陛下統臨大域得一居尊隨俗致詞憲章三教詔云眞佛無像誠如天旨但耳目生靈賴經聞佛藉像表眞今若廢之無以興敬帝曰虛空眞佛咸自知之未假經像遠曰漢明已前經像未至此土含生何故不知虛空眞佛帝時無荅遠曰若不藉經教自知有法者三皇

巳前未有文字人應自知五常等法當時諸
人何爲但識其母不識其父同於禽獸帝又
無荅遠曰若以形像無情事之無福故須廢
者國家七廟之像豈是有情而妄相遵事帝
不荅此難乃云佛經外國之法此國不須廢
而不用七廟上代所立朕亦不以爲是將同
廢之遠曰若以外國之經非此用者仲尼所
說出自魯國秦晉之地亦應廢而不行又以
七廟爲非將欲廢者則是不尊祖考祖考不
尊則昭穆失序昭穆失序則五經無用前存
儒教其義安在若尒則三教同廢將何治國
帝曰魯邦之與秦晉封域乃殊莫非王者一

化故不類佛經七廟之難帝無以通遠曰若以秦魯同遵一化經教通行者震旦之與天竺國界雖殊莫不同在閻浮四海之内輪王一化何不同遵佛經而今獨廢帝又無荅遠曰詔云退僧還家崇孝養者孔經亦云立身行道以顯父母即是孝行何必還家帝曰父母恩重交資色養弃親向踈未成至孝遠曰若如來言陛下左右皆有二親何不放之乃使長役五年不見父母帝曰朕亦依番上下得歸侍奉遠曰佛亦聽僧冬夏隨緣修道春秋歸家侍養故目連乞食餉母如來擔棺臨葬此理大通未可獨廢帝又無荅遠抗聲曰陛

下令恃王力自在破滅三寶是邪見人阿鼻
地獄不簡貴賤陛下何得不怖帝勃然作色
大怒直視於遠曰但令百姓得樂朕亦不辭
地獄諸苦遠曰陛下以邪法化人現種苦業
當共陛下同趣阿鼻何處有樂可得帝理屈
言前所啚意盛更無所荅但云僧等且還有
司録取論僧姓字帝已行虐三年關隴佛法
誅除略盡既克齊境還准毀之尒時魏齊東
川佛法崇盛見成寺廟出四十千並賜王公
充為第宅五衆釋門減三百万皆復軍民還
歸編戶融刮佛像焚燒經教三寶福財簿録
入官登即賞賜分散蕩盡帝以為得志於天

下也未盈一年癘氣內蒸身瘡外發惡相已
顯無悔可措遂隱於雲陽宫纔經七日尋尒
傾崩天元嗣曆於東西二京立陟岵寺置菩
薩僧用開佛化不久帝崩國運移革至隋高
祖方始大通如後所顯近見大唐吏部尚書
唐臨冥報記云外祖隨左僕射齊公親見文
帝問死者還活人云初死見周武帝云爲我
相聞大隋天子昔與我共食倉庫玉帛亦我
儲之我今爲滅佛法極受大苦可爲我作功
德也文帝出勑普及天下人出一錢爲之追
福焉

周高祖巡鄴除殄佛法

有前僧任道林上表請開法事十二

周建德六年十一月四日上臨鄴宮新殿内史宇文昂上士李德林收上書人表于時任道林以表上之上士覽表曰君三教也聖主機辯特難酬荅可思審之對曰主上鋒辯名流十方林亦早聞矣正以聞辯故來得辯無爽云云乃引入上階御座西立詔曰卿既上事助匡治政朕甚嘉尚可條別自申勿廣詞費林乃上安撫齊餘省減賦役事帝備納之又曰林原誓弘佛道向且專論俗政似欲諂附宮父其實天心護法自釋氏弘訓權應無方智力高奇廣宣正法救茲五濁特拔三有人

中天上六道四生莫不皈依迴向受其開悟
自漢至今踰五百載王公卿士遵奉傳通及
至大周頓令廢絕陛下治龍袞前王化承後帝
何容偏於佛教獨不師古如其非善先賢久
滅如言有益陛下可行廢佛之義臣所未曉
詔曰佛生西域寄傳東夏原其風教殊乖中
國漢魏晉世似有若無五胡亂治風化方盛
朕非五胡心無敬事既非正教所以廢之奏
曰佛教東傳時過七代劉淵篡晉元非中夏
以非正朔稱爲五胡其漢魏晉世佛化已弘
宋趙苻燕久習崇盛陛下耻同五胡盛修佛
法請如漢魏不絕其宗詔曰佛義雖廣朕亦

嘗覽言多虛大語好浮奢罪則喜推過去無
福則指未來事者無徵行之多惑論其勸善
未殊古禮研其斷惡何異俗律昔嘗爲廢所
以暫學使知非益所以除之奏曰理深語大
非近情所測時遠事深寧小機欲辨豈以一
世之局見而拒久遠之通議封迷忽悟不亦
過乎是以佛理極於法界教體通於外內談
行自他俱益辨果常樂無爲樹德恩隆天地
援道廣利無邊見奇則神通自在布化則万
國同歸救度則怨親等濟慈愛則有識無傷
戒除外惡定止內心非慧照古今智窮万物
若家家行此則民無不治國國修行之則兵

戈無用今雖不行何處求益因重奏曰臣聞孝者至天之道順者極地之養所以通神明光四海百行之本孰先此孝昔世道將傾魏室崩壞太祖奮威補天夷難創啓王業陛下因斯鴻緒遂登皇極君臨四海德加天下追惟莫大終身無報何有信己心智執固自解倚恃爪牙任從王力殘壞太祖所立寺廟毀破太祖所事靈像休廢太祖所奉法教退落太祖所敬師尊且父母床几尚不敢損虧況父之親事輒能輕壞國祚延促弗由於佛政治興毀何關於法豈信一時之慮招万世之譏愚臣冒死特爲不可詔曰孝道之義寧非

至極若專守執惟利一身是使大智權方反
常合道湯武伐主仁智不非尾生守信禍至
身滅事若有益假違要行儻非合理雖順必
翦不可護已一名令四海懷惑外乖太祖內
潤黔元令沙門還俗省侍父母成天下之孝
各各自活不惱他人使率土獲利捨戎從夏
六合同一即是揚名万代以顯太祖即孝之
終也何得言非
秦曰若言壞佛有益毀僧益民昔太祖康日
玄鑒万種智括千途必佛法損化即尋除蕩
寧肯積年奉敬興遍天下又佛法存日損處
是何自破已來成何利潤若實無益寧非不

孝詔曰法興有時道亦難准制由上行王者作則縱有小利尚須休廢況佛無益理不可容何者敬事無徵招感無効自救無聊何能益國自廢已來民役稍希租調年增兵師日盛東平齊國西之妖戎國安民樂豈非有益若事有益太祖存日屢嘗討齊何不見獲朕壞佛法若是違害亦可亡身既平東夏明知有益廢之合理義無更興奏曰自國立政唯貴於道制化養民寧高於德止見道消國喪未有兵強祚久是以虐紂恃衆禍傾帝業周武修德福集皇基夫差驕戰遂至滅身勾踐以道危而更安以此論之何關壞佛退僧方

平東夏直是毀佛當此託定之時偶然斯會妄謂壞法有益若尒湯伐有夏文王滅宋武王誅紂秦并天下赤漢滅項此等諸君豈由壞佛自後交論譏毀人法或以抗禮君親或謂妄稱佛性或譏辯折色心或重見作非業或指身本陰陽林皆隨難消解帝雖構難重疊三番五番窮理盡性林則無疑不遺有難斯通帝曰卿言業不乖理凡有入聖之期性非業外道有通凡之趣此則道無不在凡聖該通是則教無孔釋虛崇如是之言形通道俗徒加剃翦之飾是知帝王即是如來宜停丈六王公即是菩薩省事文殊耆年可爲上座

不用實頭仁惠眞爲檀度豈假棄國和平第一精僧寧勞布薩貞謹即成木叉何必受戒儉約實是少欲無假頭陁蔬食至好長齋豈煩斷穀放任妙同無我何藉解空忘功全過大乘寧希波若文武直是二智不觀空有權謀終成巧便豈待變化加官眞爲授記無謝證果爵祿交獲天堂何待上界罰戮參見感地獄不指泥犂以民爲子可謂大慈四海爲家即同法界治政以理何異匡救安樂百姓寧殊拔苦翦罰殘害理是降魔君臨天下眞成得道汪汪何殊於淨土濟濟豈謝於迦維卿懷異見妄生偏執即事而言何處非道

奏曰伏承聖旨義博言深融道混俗移專散
執乃令觸處乘眞有情俱道物我咸適千徒
齊一美則美矣愚臣尚疑若使至道唯一則
無二可融若理恒外内則自可常別若一而
非一則半是半非二而無二則乍道乍俗是
則緇素錯亂儒釋失序外内交雜上下參倫
何直遠沉清化亦是近惑泯俗是以陰陽同
氣生殺恒殊天地齊形高卑當異不可以其
俱形而使地動天靜或者見其並氣而令陰
生陽殺即事永無此理虛言難可成用所以
形齊氣一可得言同生殺高卑義無不別故
使同而不同一而不一道俗之理有齊無與無

爲自別又若王名雖一凡聖天殊形事微同覓狹全異是故儒釋與無始俱興道俗共天地同化若欲泯之爲一正可以道廢俗如其俱益於世則兩理幽顯齊明今則興一廢一眞成不可

詔曰卿言道俗天殊全乖內外亦可道應自道無預於俗釋應自釋莫依儒生道若唯道道何所利佛若獨佛化有何功故道俗相資儒釋更顯卿不因朕言卿欲何論是以內外抑揚廢興彼此今國法不行王法所斷廢興在數常理無違義無常興廢有何咎

奏曰仰承聖旨如披雲覩日伏聽勅訓實如

聖說道不自道非俗不顯佛不自佛唯王能興是以釋教東傳時經五百弘通法化要依王力是知道藉人弘神由物感佛之成毀功歸聖旨道有興廢義無恒久法有隱顯理難常存比來已廢義無即行休斷旣久興期次及興廢更迭理自應機並從世運不亦宜乎

詔曰帝王之法善汰取捨明斷去就審鑒同異妙察非常朕於釋教以潛思於府內校量於今古驗之以行事筭之以得失理非常而不要文高奇而無用非無矯而棄廢何愛憎於儒釋

奏曰弘法之本必留心於達人通化之首要

存志於正道勿見忤已以惡者懷之以疎隔
容已以美者歡心以親近是則自惑於所見
自亂於所聞不可數聞有謗正之言遂便信
納從唱而和乗生是非尋討愆短日懷憎薄
是則以僞移眞衆聲惑志故令當疎者更進
之當親者更遠之遂使談論偏駮取捨專非
斯乃害眞之禍患喪懷之妖累於是帝不答
乃更開異途以發論端問曰朕聞君子舉厝
必合於禮明哲動止要應於機比頻賜卿食
言不飲酒食肉且酒是和神之藥肉爲充肌
之膳古今同味卿何獨鄙若身居喪服禮制
不食即如今賜自可得食可食不食豈非過

耶奏曰貪財喜色貞夫所鄙好膳嗜美廉士所惡割情從道前賢所嘆抑慾崇德往哲同嗟況肉由殺命酒能亂神不食是理寧可爲非

詔曰肉由害命斷之且然酒不損生何爲頓制若使無損計罪無過言非飲漿食飯亦應得罪而實不尒酒何偏斷

奏曰結戒隨事得罪據心肉體因害食之即罪酒性非損過由弊神餘處生過過生由酒斷酒即除過所以遮制不同非謂酒體是罪

詔曰罪有遮性酒體生罪今有耐酒之人能飲不醉又不弊神亦不生罪此人飲酒應不得罪斯則能飲無過不能招咎何關斷酒以

成戒善可謂能飲耐酒常名持戒少飲即醉
是大罪人
奏曰制過防非本爲生善戒是止善身口無
違緣中止息遮性兩斷乃名戒善今耐酒之
人旣不亂神未破餘戒實理非罪正以飲生
罪酒外違遮教緣中生犯仍名有罪以乖不
飲猶非持戒詔曰大士懷道要由妙解至人
高達貴其不執融心與法性齊寬肆意共虛
空同量万物無不是善美惡何有非道是則居
酒肆肉之中寧能有罪帶婦懷兒而遊豈言
生過故使太子以取婦得道周陁以捨妻沉
淪淨名以處俗高達身子以出家愚執是故

善者未可成善惡者何足言惡禁酒斷肉之
奇殊乖大道
奏曰龍虎以銛牙爲能猨鳥以超翔爲才君
子以解行爲道賢哲以眞實成德故使内外
稱奇緇素高尚若唯解而無行同沙井之非
潤尊虛而不實似空雲而無雨是以匠万物
者以繩墨爲正御天下者以法理爲本故能
善防邪萌防察姦宄故使一行之失痛於割
肌一言之善重於千金若使心根妙解則居
惡爲善神智虛明處罪成福亦可移臣賤質
居天重任迴聖極尊處臣卑下是則君臣雜
亂上下倒錯即事不可古今未有何異詞談

忠孝身恒叛逆語論慈捨形常殺盜口開百
伎觸事無能言通万里足不出户斯皆情切
事奢虛高無用是以寸有大而無用理有小
而必適執此爲道誠難取信
詔曰執情者未可論道小智者難與談眞是
以井坎之魚寧知東海深廣鷃雀籬翔詎羡
鵬鳳之遊斯皆固小以違大趣守文以害通
途若以我我於物無物而非我以物物於我
無我而非物我既不異於物物復焉異於我
我物兩亡自他齊一虛心者是物無不同遺
功者無事而不可
奏曰仰承聖旨名義深博宗源浩汗究察莫

由事等窺天誰測其廣又同測海寧識其深
若以小小於大無大而不小
以大大於小無小而非大
大無不小則秋毫非小小
小無不大則太山非大大
故使大大非大小小小非小大
是則小大異於同大小同於異無大小之異
同何小大之同異
方知非異可異同寧有同可同異
無同可同異非異同
無異可異同無同異
是故無同而同非同無異而異非異

何同異而可異同非異同而可同異帝遂不
答於是君臣寂然不言良久
詔乃問卿何寂漠乃欲散有歸無勿以談不
適懷遂息清辯
奏曰古人當言而懼發言而憂是以古有不
言之君世傳亡功之士所以息言表知非爲
不適
詔曰至人無爲未曾不爲知者不言未曾不
言亦有鸚鵡言而無用鳳凰不言成軌不有
無任得存鷹有不鳴致死卿今取捨若爲自
適又曰士有一言而知人有目擊而道存亦
有覩色審情復有聽言辨德朕與卿言爲日

既久其間旨趣寧不略委卿可爲朕記録在所俾陳令諸世人知朕意焉是則助朕何愧忠誠

林以佛法淪䧟冒死申請帝情較執不遂所論辨論雖明終非本意承長安廢教後别立通道觀其所學者唯是老莊妤設虚談通伸三教冀因義勢登朙釋部乃表鄴城義學沙門十人並聡敏高明者請預通道觀上覽表即曰卿入通道觀大好學無不有至論補巳大爲利益仍設食訖曰卿可裝束入關衆人前却至五月一日至長安延壽殿奉見二十四日帝往雲陽宮至六月一日帝崩天元登

祚在同州至九月十三日長宗伯岐公奏訖
帝允許之曰佛理弘大道極幽微興施有則
法須研究如此累奏恐有稽違奏曰臣本申
事止爲興法數啓懇懃惟願早行今聖上允
可議曹奏決上下含和定無異趣一日須行
天下稱慶臣何敢言至大成元年正月十五日
詔曰弘建玄風三寶尊重特宜修敬法化弘
廣理可歸崇其舊沙門中德行清高者七人
在正武殿西安置行道二月二十六日改元
大象又勑佛法弘大千古共崇豈有沉隱捨
而不行自今已後王公已下并及黎庶並宜
修事知朕意焉即於其日殿嚴尊像具修虔

敬于時佛道二衆各詮一大德令昇法座歎揚妙典遂使人懷無畏伸吐微言佛理汪洋沖深莫測道宗漂泊清淺可知挫銳席中王公嗟賞至四月二十八日下詔曰佛義幽深神奇弘大必廣開化儀通其修行崇奉之徒依經自檢遵道之人勿須翦髮毀形以乖大道宜可存鬚髮嚴服以進高趣今選舊沙門中懿德貞潔學業沖博名實灼然聲望可嘉者一百二十人在陟岵寺爲國行道擬欲供給資須四事無乏其民閒禪誦一無有礙唯京師及洛陽各立一寺自餘州郡猶未通許

周大象元年五月二十八日任道林法師在

同州衛道虔宅修述其事呈上内史沛公宇
文澤親覽小内史臨涇公宇文弘披讀掌禮
上士託跋行恭委尋都上士叱役臣審覆
周天元立有上事者對衛元嵩十三
前僧王明廣大象元年二月二十七日王明
廣答衛元嵩上破佛法事鄴城故趙武帝白
馬寺佛啚澄孫弟子王明廣誠惶誠恐死罪
上書
廣言爲益州野安寺僞道人衛元嵩旣鋒辯
天逸抑是飾非請廢佛啚滅壞僧法此乃偏
辭惑上先主難明大國信之諫言不納昔天私
論兆庶怪望是誠哉不便莫過斯甚廣學非

幼敏才謝生知嘗覽一志之言頗讀多方之論
訪求百氏復審六經驗考嵩言全不扶會嗚
呼佛法由來久矣所悲今日枉見陵遲夫諂
諛苟免其身者國之賊也直言不避重誅者
國之福也敬憑斯義敢死投誠件對元嵩六
條如左伏惟天元皇帝開四明達四聰暫降天
威微迴聖慮一垂聽覽恩罰之科伏待刑憲謹上
臣廣謹對詩云無德不報無言不酬雖則庸
愚聞諸先達至道絕於心慮大德出於名聲
君子不出浮言諸佛必爲篤論去迷破執開
導群冥天人師敬由來久矣善言教物凡聖
歸仁甘露蘭芝誰其見德縱使堯稱至道不

見金夢平陽舜号無爲尚隔瑞光蒲坂悲夫
虛生易死正法難聞淳勝之風頗違諂曲之
言難用若使齊梁坐興佛法國祚不隆唐虞
豈爲業於僧坊皇宗絶嗣人飢菜色詎聞梁
史浮天水害著自堯年全道何必唐虞之邦
民壞豈止齊梁之域至如義行豐國寶殿爲
起非勞禮廢窮年土階處之爲逸故傅毅云
世人稱美神農親耕堯舜茅茨蓋衰代之言
非先王之道也齊梁塔寺自開福德之因豈
責交報之祐故曾子曰人之好善福雖未至
去禍遠矣人之爲惡禍雖未至去福遠矣抱
朴子曰賢不必壽愚不必殘善無近福惡無

之禍焉責斯近驗而遠棄大徵者乎今古推
移質文代變治國濟俗義貴適時悲夫恐唐
虞之勝風言是不獨是齊梁之末法言非不
獨非
臣廣又對詩云有覺德行四國順之造化自
然豈關人事六天勸請萬國皈依七處八會
之堂何量豈止千僧之寺不有大賢誰其致敬
不有大聖誰其戾止涅槃經云不奪他人財
常施惠一切造招提僧房則生不動國詩經
旣顯庶事有由不合佛心是何誣罔寺稱平
延嵩乃妄論佛立伽藍何名曲見斯乃校量
過分與奪乖儀執行何異布鼓而笑雷門對

天庭而誇蟻穴勸以夫妻爲聖衆苟恣婚姪
言國主是如來冀崇諂詑清諫之士如此異
乎何別魏陵之貪交寵勸楚王奪子之妻宰
嚭求於近利爲吳主解蒼蒼之夢心知不順
口說美詞彼信邪言由斯滅國元嵩必爲過
罪僧官驅擯忿著耻辱謗旨因生覆巢破寺
恐理不伸扇動帝心名尊爲佛曲取一人之
意埋沒三寶之田凡百聞知孰不歎惜有佛
法來永久無際天居地止所在遵崇前帝後
王誰不重異獨何此國賤而者哉昔卞和困
楚孔子厄陳方今擬古恐招嗤論
臣廣又對佛爲慈父調御天人初中後善利

安一切自潛神雙樹地動十方髮授四天軀
分八國涅槃經云造像若佛塔猶如大拇指
常生歡喜心則生不動國明知資父事師自
開古典束脩發起引教誡論亘有衞嵩横加
非難入堂不禮豈勝不言昔唐堯則天之治
天有逸水之災周置宗廟之禮廟無降雨之
力如謂塔無交福以過則歸亦可天廟虛求
倒應停棄若以理推冥運竊天廟之恩亦可
數窮命也豈堂塔而能救設使費衆縮地曾
子迴天不柰必死之人豈續已休之命命而
不定福也能排義異向論必須慈祐至如遍
吉像前病癩歸之得愈祇洹精舍平服殘患

之人濟苦禳災事多非一更酬餘難不復廣論若夫道不獨偏德無不在千途一致何止内心至若輸伽之建寶塔百鬼助以日功雀離之起浮啚四天扶其夜力大矣哉感天地動鬼神外修無福是何言也此若課貧抑作民或嗟勞義出包容能施忘倦若必元由塔寺敗國窮民今既廢僧貧應卒富儉困城市更甚昔年可由佛之者也鬼非如敬謂之爲諂拜求社樹何惑良多若言社樹爲鬼所依資奉而非咎亦可殿塔爲佛住持修營必應如法若言佛在虛空不覷泥木亦應鬼神冥寂豈在樹中夫順理濟物聖教尤關非義饒

益經言不許頒有天宮佛塔撤作橋屏之牆繡像幡經用衣膿血之服天下日日飢窮百姓年年憔悴鬼神小聖尚或叵欺諸佛大靈何容可負詩云浩浩昊天不駿其德降喪飢饉此之謂也更別往代功臣今時健將干戈討定靖息遐方生死偏受榮勳朱門紫室死則多使民夫樹廟興墳祭死殺生崇虛損實有勞無益初未涉言況釋迦如來道被三千化隆百億前瞻無礙後望誰勝能降外道之師善伏天魔之黨不用寸兵靡勞尺刃五光遍照無苦不消四辯橫流怨蒙安樂爲將爲師名高位大寺存廟立義有何妨土龍不能

致雨尚遵之以求福泥佛縱使不語敬者豈得無徵昔馬卿慕藺孔父夢周故人重古敬遵舊德況三世諸佛風化理同就使彌勒初興不應頓棄釋迦遺法

臣廣又對令無行富僧從課有理有德貧僧奪寺無辜至如管蔡不臣未可姬宗悉戮卜商鄙悋詎可孔徒頓貶牧馬童兒先去亂羣之馬放牛豎子由寵護群之牛莊子曰道無不在契之者通適得悟焉未合至道唯此而已至如釋迦周孔堯舜老莊發致雖殊宗歸一也豈得結繩之世孤稱正治剃髮之僧獨名權道局執之情甚矣齊物之解安寄老子

日上士聞道勤而行之中士聞道若存若亡下士聞道大笑毀之元嵩既是佛法下士偷形法服不識荆珍謬量和寶醜詞出自僞口不遜貴於筆端若使關西之地少有人物不然之書誰肯信也廣嘗見逃山越海之客東夷北狄之民昔者慕善而來今以破法流散可謂好利不愛士民則有離亡之咎矣然外國財貨未聞不用外國師訓獨見不祗天下怪望事在於此廣既志誠在念忠信爲心理自可言早望申奏但先皇別解可用嵩言已往難追遂事不諫三年久矣三思乃言有一可從乞尋改格

臣廣又對竊以山包蘭艾海藴龍虵美惡雜
流賢愚亂處若龍虵俱寵則無别是非若蘭
艾並挫誰明得失若必存留有德簡去不肖
一則有潤家風二則不惑群品三則天無譴
善之譏四則民德歸厚矣我大周應千載之
期當萬基之位述禮明樂合地平天武列文
昭翼眞明俗賢僧國器不弊姚氏之兵聖衆
歸往豈獨龜兹之陣或有慈悲外接聰辯内
明開發大乘舟航黎庶或有禪林戢翼定水
游鱗固守浮囊堅持忍鎧或有改形换服苟
異常人婬縱無端還同愚俗元嵩乞簡差當
有理夫天地至功有時動静日月延縮猶或

短長今莊老之學人間罕遇若使合國共行必應違式者罪何以得知現見時人受行儒教克已服禮觸事多違禮云饘乾不食未見與肉而求菜者乎爵盈不飲未見巵滿而不勸者禮極飲不過三爵未見酣酒而不醉者天子不合園諸侯不掩羣庶民不麛卵廣既少樂玄門不閑掩圍之事舉目盡見麛卵之民復云何彼不合禮不罷儒服者乎夫化由道洽政以禮成榮辱所示君子刑罰所御小人類野耘田之法禾莠須分條桑杓樹豈當盡杌臣廣又對忠臣孝子義有多途何必躬耕租丁爲上禮云小孝用力中孝用勞大孝不匱

沙門之爲孝也上順諸佛中報四恩下爲含識三者不匱大孝一也是故詩云愷悌君子求福不回若必六經不用反信浮言正道廢虧竊爲不願若迺事親以力僅稱小孝祖丁奉上忝是庸民施僧敬像俱然合理以蒿向背矛盾自妨上言慢人敬石名作癡僧敬像遂成愚俗姪妻愛子畜生亦解詠懷剋念何其陋哉孝經云身體髮膚受之父母不敢毁傷孝之始也立身行道揚名於後世以顯父母孝之終也若言沙門出家即涉背親之譏亦可曾參事於孔丘便爲不孝之子夫以道相發聞之聖典東脩合禮僧有何愆老子曰

四象不行大象無以暢五音不聲大聲無以
至若欲永滅二乘亦可大乘無以暢元嵩若
志明出家不悔志若不明悔何必是昔丁公
入漢先獲至點之殘馬毋叛妻自招覆水之
逝是驗敗國之師不任忠臣之用逭夫之婦
終失貞淑之名嵩本歸命釋迦可言善始厭
道還俗非是令終與彼孌女亂臣計將何別
天無長惡何乆全身背眞向俗取返何殊
請簡僧立寺者廣聞金玉異珍在人共寶玄
儒別義遐迩同遵豈必孔生自國便欲師從
佛處遠邦有心捐棄不勝事切輒陳愚亮是
非之理不敢自專昔孔丘詞逝廟千載之規

模釋迦言往寺萬代之靈㙮欲使見形尅念
面像歸心敬師忠主其義一也至如丁蘭朿
帶孝事木母之形無盡解瓔奉承多寶佛㙮
眇尋曠古邈想清塵旣種成林於理不越又
案禮經天子七廟諸侯五廟大夫卿士各有
階級故天曰神祭天於圓丘地曰祇祭地於
方澤人曰鬼祭之於宗廟龍鬼降雨之勞牛
畜挽犂之効猶或立形村邑樹像城門豈況
天上天下三界大師此方他方四生慈父威
德爲百億所遵風化爲萬靈之軌故善人迴
向若辟流之歸溟壑大光攝受如兩曜之伴
衆星自月支遺影那竭灰身舍利遍流祇洹

遂造乃賢乃聖憑茲景福或尊或貴冀此獲
安忽使七層九架頹龕墜構四戶八窻可無
於失道不令而治形教隨時損益至理不言
而得經像自可令行通人達士隨方顯用翼
眞明俗聖感應時若待太公爲卿相千載無
太公要得羅什爲師訓萬代無羅什法不自
顯弘必由人豈使大周法輪永滅聖上六條
御物九德自明曲理莫施直言必用昔秦始
皇發孔丘墓禍鍾三日魏太武滅僧伽藍災
起七年崔皓之說可知衞嵩之言難用仁者
不損他自利智者不樂禍邀名元嵩天喪無
祐只然一罷人身當生何處廣識謝指南言

慙信正此如不對恐傷衆善夫恕人之短者
厚之行也念存物德者仁之智也今僧美惡
假令相半豈宜驅擯一切不留普天失望率
土嗟傷愚謂此塗未光周德何爲敬儒士以
顯尊重賤釋子以使其意賤金貴石有何異
乎計王道蕩蕩豈理應然士以負水而平木
以受繩故直明君納諫不諱達士好聞其非
智不輕怒下愚之見得申仁不輕絶三寶之
田頗立天無不覆地載寬勝山包海納何所
不容十室之内必有忠信一國之裏可無賢僧
伏惟天元皇帝舉德納賢招英簡俊去繁就
省州存一寺山林石窟隨便聽居有舍利者

還令起塔其寺題名周中興寺使樂慧之士抑揚以開導志寂之侶息言以求通內外兼益公私無損即是道俗幸甚玄儒快志隆周之帝業重百王大象之君光於四海天高聽遠輕舉庸言氣悖寬浮以生冒死乞降雷電之威布其風雨之德謹上二月二十七日納言韓長鸞受書內史上大夫歸昌公宇文譯內史大夫託跋行恭等問廣曰佛圖澄者乃三百年人覩卿不過三十遠稱上聖弟子不乃謬乎廣答曰其或繼周者雖百世亦可知先師雖復三百許年論時不過十世何足可惑譯曰元嵩所上曲見伽藍害民損國卿今

勸立有何意見廣答曰桀紂失國殷士歸周亡國破家不由佛法內外典籍道俗明文自古及今不可停棄是故請立

譯又問齊君高偉豈不立佛法國破家亡摧殘若此廣答曰齊君失國有兩義不由佛法一則曆數有窮開闢已來天下未見不亡之國二則寵罰失忠君子惡居下流是以歸周不由佛法譯又問經者胡書幻妄何得引爲口實廣又答曰公謂佛經爲妄廣亦謂孔教不眞

譯又問曰卿據何爲驗言孔教不眞

廣答曰莊周有孔子之行古往事同已陳芻狗猶使百代歌其遺風千載詠而不絕遡尋

諸子未見一人名佛幻妄矣
譯又問丁蘭木母卿引不類何者昔人躓頓
木母木母爲之血出高祖破寺已來泥佛石
像何箇出血
𠩵答曰昔夏立九鼎以鎮九州一州不靜則
一鼎沸九州不靜則九鼎都沸比來見二國
交兵四方擾動不見一鼎有沸今日殿前尚
依古立鼎獨偏責泥木石像不出血即便停
棄三月一日勑賜飲食預坐北宫食訖
駕發還京皇帝出北宫南門與上書人等面
辭受拜拜訖内史託跋行恭宣
勑旨日月雖明猶假衆星輔曜明王至聖亦

尚臣下臣敍
朕以闇德卿等各獻忠謀深可嘉尚文書既
廣卒未尋究即當披覽別有檢校卿等並宜
好住至四月八日內史上大夫宇文譯宣勑
旨佛教興來多歷年代論其至理實自難明
但以世漸澆浮不依佛教致使清淨之法變
成濁穢高祖武皇帝所以廢而不立正為如
此朕今情存至道思弘善法方欲簡擇練行
恭修此理令形服不改德行仍存敬設道場
敬行善法王公已下並宜知委

廣弘明集卷第十

典

文邑下紆恭反憤發上房粉反怒氣也樸散上普角反貧丨秘嘖
下助隔反培塿上步口反下盧斗反丨丨小阜也嵩岱上息弓反下音代二
山名隆崖下魚勿反正作崛山短而高也磧礰上七亦反下音曆澂瀣
上蒲沒反下遐買反海也泓澄上烏萌反笏履上音忽簡丨也樊音煩姓也
譎詭上音決下過委反同前調咲上去聲下笑字俛首上音兎伍頭日丨丨
韶穆上市遙反下音目舊云昭穆晉朝所諱故改爲部穆昭明也穆美也敬也故云

父昭子穆餉毋上詩尚反贈食也陟岵下音戶丨丨寺名詩云陟彼岵考瞻
埜父考除殄下徒典反賤也宇文昂下吾剛反宇文複姓也昂名也基
晉上初恚反奪也床几下居矣反凭案也黔元上巨兼反黒首民也祖
調下子姑反下徒弔反議農功也國喪下正作曾蘇浪反辯析下先擊反
珉俗上音蒯民也泯之上米忍反滅也更迭上音庚下徒結反舉
厝下正作措七故反飢音肌宍肉字耐酒上音奈銛牙上息廉反

洒 上户甘反綀洒也 麛卵 上吾芳反鹿子也 荎田 上正作耘音云余草

也 禾莠 下音酉似禾之草也 杒樹 上音木刃斫桑枝也 杬 吾㗊反伐樹之

餘也 租丁 上子胡反稅也 愷悌 上苦改反下音弟丨丨和樂也 僅 渠鎮反纏

也 鉾楯 上莫浮反下時尹反一是一非曰丨丨也 髮膚 下音夫 叛姜

上音畔丨貨也下音薑太公姓也妻馬氏背休而去後亐覆水是也 貞淑 下音孰丨

善也 嬖女 上音閉龍愛之妾也 挽 音晚牽： 溟壑 下呼各反丨海也 頪

龕 上徒回反下苦含反 簡雋 下後字 氣悸 下来反心動負也 託拔

下正作跋同前 高偉 下羽鬼反奇也大也 開闢 下毗益反丨亦開也 鉤狗

上楚俱反同前 蹎頓 上音致方言折屈曰丨丨也

｜利也蘕究下俱水反籬翔上音離藩｜也下音祥飛｜也鵬鳳上音
朋大｜鳥凰音皇較執上音角暬違上音鷄漂泊上疋苗反下音
薄挫銳上則卧反下羊歲反｜｜抑其鋒利也反沛公上音貝涇公
上音經託跋下蒲末反複姓也叱寢上昌吉反下苦條反諂諛下羊
朱反蒲坂下音反地名傳毅上音付魚旣反下茀熒上莫交反下在
咨反窣嚭下披美反吳之相國驅擯下必刃反駈逐擯棄也作賓誤嗤論

上尺之反笑也拇指上音母叵延可反不可也撤直列反除也用衣
下去聲爲師下所類反將｜慕藺下良刃反｜姓也司馬相如慕藺相如之
德亦名相如敵曰｜｜姬宗上居之反髟悲撿反荆珍上音京山名出
王也山包下必交反蘭艾下吾蓋反蘭蒿艾也香不肖下音笑｜｜不
相似也譴牽現反責也戢翼上阻澁｜殺也逭服上音撥餚乾
上戶文反肉牖目｜｜爵盈上子約反酒器也巵滿上音支酒盂也酣